短篇小說之王 Maupassant

莫泊桑

世上男兒的自由俊逸是他的文章風格，
犀利冷凝的觀察眼光是他的創作繆思

現實之眼與夢幻之筆，法國批判現實主義作家

與手足感情深厚，只因為弟弟輕聲的呼喚便久久無法自拔；
在困難重重的文學路上咬牙刻苦，終成一代大師享譽國際；
是萬千小說家的傳奇，用最真實的筆觸描寫最虛構的文體。

是小說巨匠──莫泊桑！

李詩禹，華斌 編著

目錄

目錄

序

居伊・德・莫泊桑（Guy de Maupassant, 1850 —— 1893），法國作家，被稱為「短篇小說巨匠」。他一生寫的短篇小說多達 300 多篇，代表作有《項鍊》、《脂肪球》、《我的叔叔于勒》、《俊友》等。

莫泊桑出生在法國西北部諾曼第省第埃普城一個沒落的貴族家庭。他的祖輩都是貴族，但到他父親這一代時沒落了，父親做了交易所的經紀人。他的母親出身於書香門第，愛好文學，經常對文學作品發表評論，見解獨到。

1869 年，莫泊桑中學畢業後到巴黎大學法學院學習法學。1870 年普法戰爭爆發，他應徵入伍。在軍隊中，他親眼目睹了危難中的國家和在血泊中呻吟的兵士，心裡十分難過。他要把自己的所見所聞寫下來，以激發人們的愛國熱情。1871 年，戰爭結束後，莫泊桑退役回到巴黎。

1878 年，他在教育部工作之餘開始從事寫作。那時，他舅舅的同窗好友、大文學家福樓拜成為莫泊桑文學上的導師，他們兩人結下了親如父子般的師徒關係。

莫泊桑的創作盛期是 1880 年代。10 年間，他創作了 6 部長篇小說：《一生》、《俊友》、《溫泉》、《皮耶爾與若望》、《如死一般堅強》、《我們的心》。

莫泊桑勤奮地創作了一生，由於過度勞累得了精神錯亂症，後來被送進巴黎的瘋人院。1893 年 7 月 6 日，莫泊桑逝世，年僅 43 歲。

序

　　莫泊桑的作品揭露了法蘭西第三共和國的黑暗內幕，內閣要員從金融巨頭的利益出發，欺騙議會和民眾，發動掠奪非洲殖民地摩洛哥的帝國主義戰爭；抨擊了統治集團的腐朽、貪婪、爾虞我詐和荒淫無恥。莫泊桑在揭露上層統治者及其毒化下的社會風氣的同時，對被侮辱被害的小人物寄予深切同情。

　　其短篇的主題大致可歸納為三個方面：第一是諷刺虛榮心和拜金主義；第二是描寫人民的悲慘遭遇，讚頌其正直、淳樸、寬厚的品格；第三是描寫普法戰爭，激發法國人民的愛國情緒。

　　1880 年，莫泊桑的成名作《脂肪球》發表，使莫泊桑一鳴驚人，從此他一躍登上了法國文壇。

　　莫泊桑光輝的文學藝術成就，對世界文學寶庫做出傑出的貢獻。他寫作藝術技巧的成就，不僅在法國文學史上占有重要地位，而且對後來的歐洲作家產生了很大的影響。

　　莫泊桑擅長從平凡瑣碎的事物中截取富有典型意義的片段，以小見大地概括出生活的真實。他的短篇小說構思別具匠心，情節變化多端，描寫生動細緻，刻劃人情世態唯妙唯肖，令人讀後回味無窮。

　　莫泊桑不但是個短篇小說的高手，在長篇小說創作上也頗有建樹。他繼承了巴爾扎克、司湯達、福樓拜的現實主義傳統，在心理描寫上又開拓出新路。他的筆觸從個人生活投向新聞界和政界，具有更加豐富的內容，兩部長篇小說被列入世界長篇小說名著之林。

　　屠格涅夫認為他是 19 世紀末法國文壇上「最卓越的天才」。托爾斯泰認為他的小說具有「形式的美感」和「鮮明的愛憎」，他之所以是天才，是因為他「不是按照他所希望看到的樣子而是照

事物本來的樣子來看事物」，因而「揭發事物，而且使得人們愛那值得愛的，恨那值得恨的事物」。左拉說他的作品「無限的豐富多彩，無不精彩絕妙，令人嘆為觀止」。恩格斯也稱讚說「應該向莫泊桑脫帽致敬」。

序

莫泊桑的貴族家史

　　法國諾曼第地區，出魯昂城沿公路一直向北，在英吉利海峽的岸邊，有一座名叫第埃普的小城。在第埃普城南約 10 英里處，是奧弗朗維爾區。

　　1850 年 8 月 5 日，奧弗朗維爾區所轄的阿克河上的圖爾維爾鎮鎮公所登記的第 30 號出生證上這樣寫著：

> 亨利－勒內－阿爾貝－居伊‧德‧莫泊桑，男性，於 1850 年 8 月 5 日上午 8 時出生於其父母在本鎮的住所；其父居斯塔夫‧弗朗索瓦‧阿爾貝‧德‧莫泊桑，現年 28 歲，以其收入為生；其母洛爾‧瑪麗‧日奈維也芙，現年 28 歲，以其收入為生；二人皆居住於本鎮所轄米洛美尼爾堡。

　　米洛美尼爾堡，是建於 18 世紀的一座貴族古堡。它原屬於與拿破崙的皇后約瑟芬的祖先有關係的一個家族，後來為米洛美尼爾家族所得。曾任諾曼第省最高法院大法官和路易十六國王的掌璽大臣的托馬‧於‧德‧米洛美尼爾在資產階級革命期間就引退在這裡。

　　在莫泊桑呱呱墜地後不久登記的出生證上，堂而皇之地書寫著這堪與阿拉伯帝王姓名的長度媲美的全名。但是，如此複雜的名字，注定只能在顯示其出身不凡的正式文件中使用。至於在實際生活中，親朋好友都只親暱地稱呼他「居伊」。

莫泊桑的貴族家史

在那一長串名字中，關鍵在於一個「德（de）」字，它表明莫泊桑出身於貴族之家。不過，令人遺憾的是，這個高貴的家族竟沒有留下一份族譜。

據考證，第一批莫泊桑家族人的足跡，出現於 16 世紀末至 17 世紀中葉的法國東部的洛林省。當時這個家族尚與高貴的等級無緣，只徘徊在普通市民階級中間：一個叫羅貝爾的是鐵匠；一個叫雅克的做布商；雅克的兒子克洛德開藥店。

後來，又有個叫克洛德的當過一段工程師，以後成為騎兵軍官，1669 年曾站在土耳其人一邊，參加過攻打希臘港口堪第亞的圍城戰；還有一個叫克利斯多福的，賣出過一座葡萄園。

在等級森嚴的封建社會裡，這些或工、或農、或軍、或商的莫泊桑都夢想著進入上層社會。他們中曾有人成功地與貴族攀親，但那最多也只能使他的兒子憑著貴族母親的關係在軍隊中謀個一官半職，並不能改變莫泊桑家族的平民地位。

直至 1752 年，一個名叫讓·巴蒂斯特的莫泊桑家族的成員，僥倖地當上了宮廷祕書參事，才為「莫泊桑」這個姓氏贏得了冠以「德」字的權利。奧地利宮廷這年 5 月頒發給「讓·巴蒂斯特·德·莫泊桑」證書。

莫泊桑的直系祖先，最早是 18 世紀中葉巴黎的一位公證人。他的兩個兒子都是收稅人。其中一個叫莫泊桑·德·瓦爾蒙的是長子，因為莫泊桑家的長子都有稱「瓦爾蒙」的習慣。

莫泊桑·德·瓦爾蒙有 3 個兒子，其中一個叫于勒的，生於 1795 年，就是居伊的祖父。不過，大概是經過了 1789 年資產階

級革命對貴族的衝擊的緣故吧，莫泊桑家此時卻自動放棄了那作為貴族標誌的「德」字，他的爺爺只稱「于勒·莫泊桑」了。

1820 年前後，于勒在諾曼第的貝爾奈城當直接稅監督員，後來到省會魯昂當菸草經銷管理員。因此，莫泊桑家即便算是貴族，也不過是個家道中落的末流貴族而已。

1820 年，于勒愛上一個稅務官的女兒，儘管女方的家庭反對，但他們還是結了婚，第二年便生下居伊的父親居斯塔夫·莫泊桑。

莫泊桑的幾輩祖先都沒有大的作為，如果說他的祖父于勒那一代還或多或少擁有個人奮鬥的理想和志願，並創造了自己的農業的話；那麼，居斯塔夫簡直就是個敗家子，他青少年時代就遊手好閒，是個典型的花花公子。

莫泊桑的母親本名洛爾·勒·普瓦特萬，與居斯塔夫同歲。她天生聰慧，美麗動人。洛爾那棕色的頭髮從中間分開，緊貼兩鬢垂下。她高高的額頭、直直的鼻子、線條分明的嘴唇顯得剛強多於溫柔；眉毛淡淡的，然而兩眼深陷，目光深邃，顯露出她的精明。

1840 年，在魯昂經辦菸草專賣事務的于勒·莫泊桑發了一筆橫財，在離魯昂不遠的諾維爾購置了一處莊園，與勒·普瓦特萬家的莊園為鄰。

1846 年 7 月，居斯塔夫的姐姐路易絲嫁給了洛爾的哥哥阿爾弗萊德·勒·普瓦特萬。

居斯塔夫則對洛爾的美貌一見傾心，展開殷勤追求。

莫泊桑的貴族家史

洛爾的家庭在諾曼第地區已有悠久的歷史。洛爾的父親保爾‧勒‧普瓦特萬是魯昂的一個紡織廠主，擁有兩家工廠；她的外公是諾曼第省另一個濱海城市費岡的造船廠主。

雖然洛爾生在新興資產階級之家，門第觀念卻相當濃厚，對貴族的身分尤其看重。

洛爾是一位見多識廣、性格剛強、精明能幹的富家小姐，她對貴族與生俱來有一種興趣和追求，她告訴急切的追求者：「居斯塔夫，你要我嫁給你也可以，但是必須先恢復莫泊桑家姓前的那個『德』字。」

居斯塔夫於是向魯昂民事法庭提出請求，雖幾經周折，但憑著祖傳的那份奧地利宮廷頒發的證書，再加上賄賂的功效，終於在 1846 年 7 月如願以償。1846 年 11 月 9 日，莫泊桑家與勒‧普瓦特萬家終於親上加親。

居斯塔夫‧德‧莫泊桑和洛爾‧勒‧普瓦特萬婚後過了將近 4 年，才生下他們的長子居伊‧德‧莫泊桑。

居伊‧德‧莫泊桑出生於 19 世紀的中葉，也是法國歷史的一個不大不小的轉折關頭。

1830 年 7 月，革命後建立的七月王朝基本上確立了資產階級的一統天下，無產階級和資產階級之間的階級鬥爭也隨之躍居於首位。

這一鬥爭的急遽尖銳化引起 1848 年二月革命，又摧垮了七月王朝。但是，資產階級的反動統治遠未結束，整個 19 世紀下半葉，在第二帝國和第三共和國的招牌下，它日益變本加厲。

1850 年，正是 1848 年二月革命後不久靠混亂上臺的路易‧拿破崙‧波拿巴，為宣布法國為第二帝國而運籌帷幄的時候。

　　莫泊桑出生之年，也正值法國 19 世紀文學發展史上的一個微妙的時期。該世紀上半葉的法國文壇，浪漫主義文學和現實主義文學並駕齊驅。前者以雨果為首，特別在詩歌和戲劇方面有過它的黃金時代；後者以巴爾扎克、司湯達為代表，曾經在長篇和中篇小說方面大放光彩。

　　可是，浪漫主義作為一個流派，到了 1840 年代即已失去勢頭，唯有創作力旺盛持久的雨果還在獨力支撐著這面大旗；而現實主義文學，隨著司湯達和巴爾扎克在 1842 年和 1850 年先後去世，也面對到青黃不接的威脅。

　　不過，歷史證明，具有強大生命力的現實主義文學並沒有就此中斷。

　　事有湊巧，巴爾扎克逝世於 1850 年 8 月 18 日，恰在莫泊桑出世數天以後，似乎他把神聖的現實主義文學的接力棒交給了這位後繼者，這才放心地撒手而去。莫泊桑極為巧合的應運而生。

童年感受父母衝突

莫泊桑的出世，為家庭增添了一些喜氣。父親為自己有了個英俊的繼承人而沾沾自喜，母親更是以他為心肝和驕傲。那時一家人生活在歡愉和諧之中。

1850 年 8 月 23 日，就在米洛美尼爾堡的小教堂裡，為初生的莫泊桑舉行了簡便的洗禮。這小教堂座落在古堡前那片大草場的東南側，在山毛櫸環抱之中，牆壁的一角刻著「1583」的字樣，它的歷史比古堡本身還要悠久。

整個教堂大約可容 20 人，建築小巧玲瓏，那些繪有基督受難圖的彩畫玻璃窗尤其精緻。按教規，只有面臨夭折危險的嬰兒，才被特許舉行這種簡便的洗禮儀式。一直到小莫泊桑滿週歲時，他的健康狀況很好，能受此禮遇，不知是為什麼。

1851 年 8 月 17 日，在阿克河上的圖爾維爾小城的堂區教堂裡為他補行了正式的洗禮。絮里神父主持了這次洗禮，祖父于勒·德·莫泊桑做他的教父，外祖母維克托·瑪麗·圖蘭是他的教母。

那時，父親居斯塔夫總是彬彬有禮，在人們面前侃侃而談。母親洛爾更是人們羨慕的對象，她有才能，有修養，有可掬的笑容和款款的儀態，是周圍人們的崇拜偶像。每當父母出現在人前時，人們都主動向他們致意，祝福他們百年好合。

小莫泊桑深深地為自己有這樣令人尊敬的父母而驕傲。他覺得自己的父母是天底下最相愛的人了，是他們的愛情孕育了自己。

小莫泊桑在米洛美尼爾堡度過了 4 年時光。沒有固定職業的父親經常在外面遊蕩，時而巴黎，時而魯昂，時而第埃普，時而費岡。家中事務全由母親操持。

　　洛爾自然珍愛這個兒子，但並不過分嬌慣。所以對人世間的一切都覺得新鮮的小莫泊桑，能常跟著老女僕到大自然中玩耍。古堡南側的花圃，是小莫泊桑的樂園。他愛看園丁整治花木，有時可以目不轉睛地蹲在那裡老半天。他很愛去古堡北側的僕役雇工們的住處，他在那些「下人」們的孩子裡找到了自己最早的夥伴。

　　小莫泊桑有著機警的大眼睛，圓圓的大腦袋，很讓人喜歡。

　　人們常愛這麼逗著他玩：「居伊，你的腦袋怎麼這麼圓啊？」

　　天真的小莫泊桑一邊指著自己的大腦袋，一邊認真地回答：「這個圓腦袋嗎？是接我到世上來的那個老醫生搞的。我剛一來到世上，他就拿兩個膝蓋夾著我的頭，就像做陶器的人做罐子似的，用手使勁兒搓呀，搓呀，才把我的頭弄得這麼圓的。醫生當時還對我媽媽說：『看呀，夫人，我把您的兒子的腦袋弄得像蘋果一樣圓，將來一定聰明。』」

　　其實，這是洛爾為兒子編造的故事，小莫泊桑卻信以為真了。

　　母親的話是那麼深深地印在莫泊桑幼小的心靈裡，直到多年以後，他有時還自問：「我的頭腦能輕鬆自如地勝任超過常人的工作，是否是那老醫生揉弄之功？」

童年感受父母衝突

1854 年，莫泊桑一家遷居勒阿弗爾城附近戈代維爾區的格蘭維爾 —— 伊莫維爾堡，這座山莊離海邊不遠，從勒阿弗爾到費岡的公路就在它附近經過。

莫泊桑家的宅邸是一座古老的諾曼第式的兩層別墅，通體用白石建築，剛剛翻新的屋頂和漆成銀白色的窗扉同退了色的牆壁形成對照，正是勉強維持著的「高貴」形象的象徵。

院子兩旁各有一排用海濱鵝卵石砌成的茅頂小屋，在蘋果園的外面散落著農舍。高大古堡中的生活固然舒適，然而小莫泊桑卻偏偏為充滿生機的低矮農舍所吸引。能自己到處跑了，母親稍一轉眼，他就溜到這個或者那個莊戶人家去了。

莫泊桑從小接觸農村生活，了解諾曼第農民，對他日後的文學創作有著不可忽視的影響。

但是，莫泊桑 10 歲的時候，卻無意中發現了父母之間並不如他一直想像的那樣恩愛。

有一天，他在山坡上撥開樹枝跑著，如果有覆在小路上面的荊棘伸長帶刺的手臂阻住他時，他就縮著脖子鑽過去，開闢路徑。終於跑到了小小的空地上，他停下腳步，豎起耳朵四處傾聽：沒有什麼不妥的，只要獵人和狗不埋伏在路那一邊就好了。他轉過頭來，學了一聲狗叫，然後再奔入叢林中。

突然，小莫泊桑發現眼前有個東西在動，透過稀疏的光線，可以看到兩個小小的白色尾巴向上翹著：原來是兩隻兔子。

小莫泊桑追著它們一直到洞前，看著這兩個小東西爭搶著鑽進洞裡，他不由被逗得哈哈大笑。然後，他拾了一根木棒，伏身

在洞口，歪著頭，盡量伸長手臂，拿著木棒探進去攪動。

這時，小莫泊桑的腦海中，顯現出兔子那閃亮、大大的紅眼睛，它們躲在神祕的迷宮裡。他站起身來，衣服上沾滿了樹枝和落葉。

然後他走到森林旁邊，悄悄地走進一條林間小徑，路的盡頭就是他們的家。

夕陽正照在那棟灰色的大房子上，天窗閃亮得就像一個輝煌的徽章。二樓左邊第三個窗子是他房間的窗，接著是弟弟艾爾維的房間，最後是父母房間的窗子。艾爾維一定是在父母旁邊睡覺，因為他才5歲。

一群烏鴉繞著煙囪飛著，然後隱入黑黑的樹叢中。「啊，又一天快要過去了，假期過得真快！」

莫泊桑知道，再過幾天，9月一過完，就要開始新的學年了。這個夏天似乎非常短。

每一個窗子都亮著燈光，莫泊桑注視著它們。這時，他發現父親和母親從前面正沿著小路向他走來。莫泊桑心想：「他們怎麼會來這裡呢？」

莫泊桑深深地敬愛著母親，同時當然也很尊敬父親。但是，他卻無法與父親保持親密無間。朋友們也都表示，父親對他們來說不如對母親更了解。

現在父母從遠處向這邊走來，居斯塔夫一邊走一邊用拐杖撥打著路邊的草，而洛爾則和平時一樣沒有戴帽子。

莫泊桑心想：「現在天已經快黑了，我躲起來嚇嚇他們一定

很有趣。」他躲在一棵樹後面，林子裡吹著涼涼的晚風，大樹隨風搖擺發出「嘩嘩」的聲響。小鳥在樹枝間跳躍著、鳴叫著。風捲著落葉打著旋從樹上輕舞下來，又忽地掠過地面。

莫泊桑躲在樹叢後面，悄悄地接近父母那邊。大概還差著十來公尺的時候，他像一頭獵豹一樣撲了過去。

但是，當他快撲到父母身邊的時候，卻突然聽到了父親那高昂、生氣的聲音：「我再說一遍，這件事與妳無關！我討厭妳追根究柢。把那塊土地賣掉，那是妳的土地，要是不願意，那就隨妳的便吧！」

而母親洛爾呆呆地與父親居斯塔夫相對站立，兩條手臂僵硬地下垂著，她反對說：「我不願意賣掉那塊土地。留給孩子們的東西，只剩下這塊土地了，而你竟然……」

「夠了！別再和我囉唆了，我意已決，再多說也沒用了！」

「居伊的寄宿費已經欠了兩個學期了，你怎麼有臉讓孩子去學校？！」

「我剛才也說過了，我再拿不出一文錢了！」

「但是，我已經不能再維持這個家了。為了付給女僕的錢，我不能再繼續去借錢了。」

「哼，那為什麼還要到處去租別墅？沒有別墅人家就不養孩子了嗎？原來是在米洛美尼爾，然後又是這裡。」

「家裡的事我操心，你不用管。但是，你對孩子們，總應該比你對隨便揮霍金錢的侍女和妓女重視才好。」

居斯塔夫一下惱怒：「該死的，別再說了！」

他突然衝上前去，抓住洛爾的衣領，猛地抬手就打了兩個耳光。洛爾一下被打得頭髮散亂，一面後退一面遮擋著。但是，居斯塔夫就像瘋了一樣，連著打了好幾下，把洛爾打倒在地，縮成一團。

　　而居斯塔夫還不罷休，一隻手抓住洛爾的兩個手臂，一隻手往她臉上猛抽。

　　莫泊桑躲在樹後，面對發生的這一切，他嚇得屏住了呼吸，他感覺似乎整個世界都毀滅了。他沒有什麼力量能保護親愛的母親。而一向受他尊重的父親卻變成了一個惡魔。

　　莫泊桑猛地轉身瘋跑起來，喉嚨像被什麼東西塞住了，但又吐不出來。兩邊伸出來的樹枝抽著他的臉，拉扯著他的衣服，甚至把他拽倒在地。但他仍然沒有停下來，依然爬起來向前跑，心中充滿了恐怖和無限的憤恨。

　　終於，莫泊桑已經筋疲力盡了，他一頭栽倒在地上，閉著眼睛，雙手緊緊地握著拳頭，顧不得地上是骯髒的泥土和落葉。

　　他不想再看到世上的一切，而其實這時什麼也看不到，天已經完全黑了。他只想就這樣躺著，直至永遠。

　　這時，家裡的女僕約瑟芬正在到處找他，不停地呼喚：「居伊，居伊，該回家了！」莫泊桑猛地跳起身來，這才發現自己臉上已經滿是淚水。他不想讓約瑟芬找到，也不想見到任何人，於是穿過樹林，朝家的方向跑去。

　　他沿著燈光一直走到了陽臺前。約瑟芬旁邊站著一個提著燈籠的男人，他的身影在燈光下飄忽著像在跳舞。

童年感受父母衝突

　　莫泊桑絲毫沒有放慢腳步，他把臉轉向另一邊，從她身邊跑過，走進自己的房間後，就把房門反鎖起來。他回過身，一拳重重地打在桌子上。剛才樹林中那一幕使他痛苦萬分，他真想把看到的那個場景一拳擊得粉碎，從腦海中消滅掉。他口中亂嚷著：「不！不！不！」

　　第二天早上，莫泊桑又獨自一個人在湖邊上坐著。當他聽到別墅響起早餐的鐘聲時，他邁步回到家中。

　　莫泊桑推開餐廳門，猶豫了一下，還是走了進去。這時，他看到母親正坐在餐桌旁，靜靜地看著艾爾維吃飯。她的臉頰微微腫起，雙眼好像剛剛哭過一樣。可能為了掩飾，洛爾在臉上塗了些面霜和白粉。

　　居斯塔夫坐在他平常的座位上。

　　洛爾看兒子進來，朝他微微一笑。

　　莫泊桑極力控制住撲到母親懷裡痛哭一場的衝動，默默地走到桌旁，眼睛躲著父親，低頭坐下。

　　洛爾問道：「居伊，你去湖上划船了？這個玩法不錯。」

　　「是的，媽媽。」

　　居斯塔夫開口說話，一如他平時的口吻：「但是要小心啊，那個小船的底板不是太牢固。」

　　「知道了，爸爸。」

　　洛爾說：「吃吧，孩子。喏，把胡椒遞給我。」

　　莫泊桑突然感到一種莫名的憤怒：一家人就這樣假惺惺地裝作若無其事地吃著「愉快」的早餐，這是多麼可怕的事情。父

親，他怎麼還有臉繼續在這裡裝君子？

莫泊桑注視了一眼父親：他穿著平時那件灰色禮服，豆點領花，閃閃發亮的皮鞋。他吃得很痛快，不時拿餐巾擦一下嘴。

但莫泊桑已經知道這現象背後的事實：父親可能隨時會爆發脾氣。像他們這種大男人真的是不可理解的。

而洛爾顯得比平時更加冷靜，而且有點表演過度了，不過今天莫泊桑知道她更多的是謹慎。她沒有說幾句話，但莫泊桑從她臉上的表情就知道，她已經下定了決心。

洛爾看著兒子臉上的表情，她發現，莫泊桑肯定知道了些什麼。

莫泊桑一下心慌意亂起來，他臉上一下好像著了火，匆匆吃了幾口，就站起來說：「我要找帽子、課本，還要準備好文具，回來……」

居斯塔夫粗暴地打斷了：「這些跟媽媽說就行。」然後他諷刺地說：「只要告訴媽媽，她還會給你一些零用錢的。」

屋裡一下安靜了，洛爾低頭不語。莫泊桑心中充斥著羞恥和悲哀，他明顯看出，父母之間出現了無法彌補的裂痕。但過去他卻從來沒有意識到，可能是他們掩飾得太好了。

10 歲的莫泊桑，還是個學生了，所以有時便會斗膽流露出自己的不滿。

居斯塔夫一直不改跟在女人屁股後面窮追的習慣，腦子裡沒有一點有用的東西，沒有一點經濟觀念，而且意志薄弱。但他卻還附庸風雅，愛好畫畫，常常手裡拿著素描本，讓畫家畫他的肖

像；或坐在公園一角，無聊地撫著鬍鬚，一面寫著短詩。

這都是紳士的表現，必須以漂亮的十二音節詩句或什麼東西來表現他們的智慧。

但居斯塔夫與兒子們之間卻十分生疏。他從不帶孩子們一起玩，或去公園散步，或者去划船、游泳。因為他沒有興趣去了解孩子們喜歡什麼，也從沒想成為孩子們的朋友。

但莫泊桑卻對父親的行徑早有察覺，他非常了解父親喜歡什麼：看戲，駕著馬車載著女人兜風，或帶她們去吃晚餐，與她們高聲談笑。有幾次他和父親一起去巴黎，看到過父親馬車上載著的貴婦，也見過餐桌上的女人，她們都不是同一個人，但都一律散發著濃濃的香水味。

父親三天兩頭跑到外面去廝混，有時帶莫泊桑出去時也不安分，總是要找藉口把他放在旅館或咖啡館，然後一個人躲到情人那裡。常常是莫泊桑等得不耐煩時，父親才氣喘吁吁地趕回來。

舉家遷到巴黎後，居斯塔夫更加肆無忌憚地四處遊蕩，根本沒有把妻子兒子放在眼裡。

有一天，Z夫人邀請居伊和艾爾維去觀看一次專為兒童舉辦的日場演出。艾爾維病了，母親陪他留在家裡，父親催促莫泊桑趕快打理自己。莫泊桑知道父親正與那Z夫人打得火熱，故意慢慢吞吞。

父親便威脅說要把他也留在家裡。

小莫泊桑回答：「啊！我才不在乎哪！你比我還想去哩！」

居斯塔夫催促說：「得啦，快把鞋帶綁好吧！」

小莫泊桑繼續頂嘴：「不，你來幫我綁！」

居斯塔夫只得親自給他綁好鞋帶。

居斯塔夫不知悔改，傷透了洛爾的心。她再也不願意待在巴黎眼看著負心的丈夫胡作非為。

1860 年夏天，莫泊桑結束了一學年的學業。

有一天早上，來了一輛馬車，居斯塔夫和洛爾一起乘著馬車離開。晚餐的時候，他們還沒有回來。

莫泊桑在天黑的時候躺到床上，這時卻突然聽到林蔭路那邊傳來馬車聲，然後就聽到母親對車伕和約瑟芬講話的聲音。

莫泊桑起身來到窗前，他沒有聽到父親的聲音，車近了，果然也沒看到父親一起回來。

洛爾來到莫泊桑房間，坐在兒子的床沿上，輕聲問：「居伊，你睡了嗎？」

莫泊桑說：「還沒呢，媽媽。」

洛爾猶豫了一下，說：「居伊，我們不久就要搬到別的地方去住了。」

莫泊桑一下回過頭來。「什麼地方？」

洛爾說：「埃特爾塔，你肯定會喜歡那地方的。」

一聽說要去埃特爾塔住下，小莫泊桑再也沒有絲毫煩慮而歡呼跳躍起來說：「是不是暑假的時候我和魯·波花特凡舅母的管家一起乘馬車回來的時候中途住過的那個地方？」

洛爾說：「是的。居伊，你已經長大了，家裡的有些事應該告訴你了。你父親只顧自己高興，對妻子兒子全不負責任，我們

沒辦法這樣生活下去了。我們要分開，原因現在不能說，等你長大了自然會了解的。人時常會犯錯，而且認為各自隨心所欲地做比較幸福。因此，我要帶你和艾爾維搬到新的地方去。」

於是，洛爾便帶著兩個兒子前往海濱勝地埃特爾塔，在不久前購置的別墅住下。這年年底，洛爾和居斯塔夫終於協議分居。

海濱生活豐富多彩

父親和母親分開了，莫泊桑和弟弟、媽媽來到埃特爾塔，爸爸到別的地方去住了。

小莫泊桑問媽媽：「我們再也不和爸爸見面了嗎？」

「當然不是了，你們可以寫信給他，他也可以去看你們。」

小莫泊桑關切地問：「我們要變窮了嗎？」

「不，你父親會每年給你們 6,000 法郎撫養費。再說，我還有幾處產業，我們已經夠用了。」洛爾接著說，「以後你和朋友們見面的時候，那些人可能會覺得奇怪，所以我想現在就讓你先了解。世界上像我們這樣，為了離婚而到法院，沒有公開吵架，父母與子女彼此不了解而痛苦的人們太多太多了！」

莫泊桑回憶著林蔭路那件可怕的事，懂事地說：「嗯，我懂了。」

洛爾說：「居伊，我盡可能地告訴你，使你不會因為被人輕視而煩惱。」

莫泊桑說：「只要能跟媽媽在一起，我什麼都不在乎。」

過去，埃特爾塔對莫泊桑並沒有什麼特別的印象，但現在，他感覺那是法國最美麗的海岸。

諾曼第北部科鄉地區的自然條件在整個法國獨具特色。這是一片白堊質的高原，可是上面覆蓋著一層由肥沃的硬質黏土和軟泥縫製的「雨衣」，因而自古以來這裡的農業和畜牧業就在法國占有舉足輕重的地位。

海濱生活豐富多彩

科鄉沿海有三大海上拱門，埃特爾塔就位於其中兩座巨門之間一英里多寬的海岸上，右邊是阿蒙門，左邊是阿瓦爾門。埃特爾塔的海灘上，好像天公特意鋪下了一張鵝卵石的地毯；離岸一公里之內的海底，坡度也異常平緩，使這裡成為海水浴的天然良好處所。

自從 1850 年前後，作家和新聞記者阿爾馮斯·卡爾發現這塊勝地，並大加宣傳；作家雅克·奧芬巴赫率先在這裡建起龐大的別墅，這裡就成為文人藝術家聚集之地。他們春來冬去，為這座漁民、海員、小商人的城鎮增添了文藝界的浪漫氣息。埃特爾塔人很為自己這塊土地的吸引力而驕傲。

這小城永遠經受著風雨和浪花的拍打，永遠瀰漫著在褐色房屋裡熏烤著魚的腥味。這些房屋頂上都聳立著磚砌的煙囪，冒出的濃煙把鯡魚的刺鼻腥味帶到遠遠的田野上。晾晒在各家門前的漁網的氣味，人們用肥田來醃過魚的鹽湯的氣味，落潮後留下的海藻的氣味，小港城所特有的一切，使人們身心都充滿強烈恬適感的濃郁氣息。

洛爾在埃特爾塔購置的住所叫「維爾吉」，在科鄉方言中是「果園」的意思。它包括一座二層別墅和一個花園。別墅寬敞而富有鄉村風格。白色的牆壁，建有長長的陽臺的一面，開著 9 扇玻璃窗，樓下有 3 扇落地窗可通花園。那花園相當大，在挺拔的無花果、菩提樹和樺樹下，金銀花、仙人草和五顏六色的鮮花爭芳鬥豔。

擺脫了和丈夫的糾紛，洛爾現在可以專心致志地培育自己的

兒子了。她發現莫泊桑對文學頗能心領神會，便決意向這方面引導他。

洛爾是兒子的第一任老師。也許是長期與母親在一起的緣故，莫泊桑從小就對母親懷有一種特殊的信任和崇拜，把母親看成是無所不知的先知。

洛爾則很早就發現兒子的文學天賦和敏感。為了引導兒子，她為兒子安排了學習計劃，每天按時實施。

洛爾對莫泊桑的教育方式也是頗具情趣的。她雖然規定兒子每天在書房裡學習一定的時間，由她講述，指導他閱讀古今文學名著、作家傳記等；但她主要還是把大自然當做課堂，等兒子做完了功課，就陪他到田間和海邊漫遊，啟發他體會大自然的美，藉以陶冶性情，感受人生。並開始教他練習描寫大自然的美。兒子想去哪裡，她從來不加阻攔。

這期間，莫泊桑大部分的時間是在海邊的岩石、懸崖上面，或在沙灘、或在小船、或在海中消磨。

洛爾還鼓勵兒子向自然挑戰。一天，她陪兒子到懸崖下遊玩。海灘上停著被出海的漁人當做臨時倉庫的破船；這裡那裡的坑窪處蹦跳著擱淺的魚。這一切都引起小莫泊桑極大的興趣，他流連忘返。

不知不覺間，海水漲潮了，潮水來勢洶洶。洛爾連忙拉著兒子奔逃，冒著粉身碎骨的危險，使出驚人的力量，推著他攀上懸崖。到了平安處，洛爾久久地把兒子摟在懷裡，為他能脫險而深深地慶幸。

海濱生活豐富多彩

莫泊桑則以欽佩的目光注視著勇敢的母親，他為有這樣勇敢而慈愛的母親而驕傲。

在埃特爾塔度過了十分寧靜的夏天。帶著孩子們到沙灘來的繫著蝴蝶結的奶媽們回去了，但埃特爾塔仍充滿了固有的色彩與活潑。

莫泊桑在這個漁村找到了無限的快樂：新的朋友、釣魚、探險划船的男人們，白色與黃色的脫衣室成排並列；穿著藍色的襯衫、講著方言的漁夫們的小村落，彷彿波爾多拉蒙與馬奴波爾特兩個岩石拱門之間的裝飾。

莫泊桑整天如同吹過這地方的風一樣，到處走動、奔跑。

為了充實兒子們教育的內容，洛爾還特地請了一位教師，那就是埃特爾塔的教區助理歐布爾神父。

奇特的是，他的課堂不設在莫泊桑家裡，也不設在教堂裡，而是設在離莫泊桑家不遠的聖母院後面的墓地裡。艾爾維名義上跟著一塊學，其實，遇上稍難的功課，歐布爾神父就任他在墓地裡玩耍了。

可是，自從歐布爾神父想出一個新花樣，讓兄弟兩人比賽，艾爾維可成了哥哥的勁敵。

一天，上完拉丁文語法課，老神父合上書本，對兩個學生說：「來，孩子們，現在該訓練一下你們的觀察力和記憶力了。怎樣訓練呢？你們來記墓地中每一個墳墓的形狀以及死者的姓名、年齡、身分等，看誰記得正確、記得快。」

最初，獲勝的常常是艾爾維。因為當哥哥坐在又硬又涼的墓

石上背誦拉丁文語法時，他早已在墓地裡跑了幾圈了。

神父開始提問：「第三排第七個墓是誰的？」

艾爾維幾乎不假思索就答了出來：「墓碑上寫著：馬賽爾‧勃拉迪，1797年生，1859年卒。墓石上寫著：永遠懷念，勃拉迪之寡妻率子女。墓石上還嵌著一個黑十字架。」

可是後來，莫泊桑卻表現出超人的能力。那時，已經又有幾個孩子加入了競賽。

神父發問：「第七排第三個，無花果樹下那個墓，是誰的？」

一個孩子搶著回答道：「馬克‧貝爾納，1783年生，1849年卒，曾任帝國軍曹。」

神父追問：「還有呢？」

見那孩子張口結舌答不出來，莫泊桑這才不慌不忙地答道：「墓碑上面刻著兩支交叉的步槍，大概是原來刻得淺，已經看不大清楚。墓石左側用小字刻著雕刻人的名字：加斯東‧布萊納。」

歐布爾神父的說教，莫泊桑並不感興趣，倒是他講授的宗教教義以外的知識吸引了莫泊桑，使他懂得了許多過去不曾知曉的知識。

母親不願束縛莫泊桑的天性。他生性好動，常把頑皮的夥伴們叫到家裡來玩耍。

有好幾次，他們打破了杯子，或者打碎了一片玻璃窗，沒多久又犯了新的錯。對莫泊桑的「胡鬧」早就受不了的老女僕約瑟芬連忙去向女主人告狀，希望她能出來「鎮壓」一番。

可洛爾卻心平氣和地說：「好吧，去告訴勃雷阿，讓他來換玻璃！」

不過，莫泊桑最迷戀的是大海，最羨慕的是向大海討生活的漁民。他經常在那個灘頭流連，出海的漁船一靠岸，他就跑過去幫著繫纜繩、卸漁筐、晒漁網。而他所希望的唯一報酬，就是能帶他到海上去打一次魚。

莫泊桑最喜歡那兩個窮漁夫，一個叫傑諾·塔貝，他是莫泊桑的朋友來爾伯的哥哥；另一個，人們不知他姓什麼，只叫他呂西安。兩人共有一艘拖網漁船。

他們經常叫住莫泊桑說：「嘿，居伊，明天要去補船篷，你來不來？」

莫泊桑豪爽地回答：「什麼叫來不來？當然來啊！」

有一天，這兩人從海上歸來，提著每人應得的那份魚向家裡走去，路上遇見莫泊桑。莫泊桑看到他們都有些站立不穩，知道他們一定是喝了酒，就向他們走過去。

他蠻有興致地問：「喂，傑諾，把你的織網針借給我用一下好嗎？」

傑諾略帶訕笑的口吻說：「怎麼？你也想當漁老大？」

莫泊桑認真地回答說：「想試試。」

「好啊，漁老大。」傑諾用他那有力的手拍著居伊的肩膀，「我們先去喝一杯。」

他們來到漁市附近的一家小酒店裡，傑諾一推，就把莫泊桑推進裡面。那是水手和漁民們在一天勞累之後消愁解悶的地方，

擁擠、骯髒，充滿了粗聲粗氣的討論、吵鬧聲，也有的揚起酒醉的聲音唱歌。

傑諾剛在牆角的桌旁坐下，就一邊敲著桌面一邊向老闆大聲吆喝道：「3杯白蘭地！」呂西安則咳嗽了幾聲，把痰吐在地上。

穿著油漬發亮的圍裙，滿臉皺紋的酒店老闆連忙端來3大杯烈性蘋果酒。他見這兩位常客帶來的酒伴是個孩子，不免一愣。

杯子送過來，呂西安把其中之一推到莫泊桑面前，然後抓起自己的杯子，鼓動莫泊桑說：「要當漁老大，就得是酒當水喝的漢子。不能和夥伴一起喝酒的，就不能當漁老大。來，乾一杯！」

莫泊桑微笑著回答：「說得有道理。」

兩個壯年的漢子各自把面前的一大杯酒一飲而盡，卻發現莫泊桑的那一杯放在桌上根本未動。

兩個漢子故意做出驚訝的樣子：「怎麼？漁老大，連一杯酒也沒膽量喝下去嗎？」

莫泊桑不等他們說下去，以極快的動作抓起酒杯，像別人一樣，身子一傾，「咕嘟咕嘟」地把滿杯酒灌進肚裡。

喉嚨火辣辣的，就像在燃燒，耳朵「嗡嗡」響，五臟六腑都像一起燃燒起來。淚水在他眼眶裡直打轉，他全身顫抖著，胸口和喉嚨緊縮著，就像離開了水的魚，張開嘴巴。他聽到了周圍人們的笑聲。

可他到底沒哭。他要做「漁老大」。

理想終於實現了。一天，他正幫呂西安刷船，亞芒‧帕朗從

這裡走過。此人擁有 3 艘拖網漁船，在莫泊桑的心目中簡直是個了不起的人物。

帕朗問呂西安：「呂西安，明天『加油號』出海捕鰈魚，要去嗎？」

呂西安回答道：「當然去。」這時，他注意到莫泊桑那滿臉失望的神情。他早想帶居伊隨自己的船去打魚，只是他和傑諾的那艘木船又小又舊，實在不方便。

於是呂西安問帕朗：「可以帶一個人去嗎？」

「你說的就是那個一口氣吞下一大杯燒酒的小娃娃吧？」帕朗一邊說一邊用眼睛瞟了一下居伊，「可以！」

「啊，太好了！」莫泊桑興奮得跳起來摟著呂西安的脖子，親了一下他滿是鬍渣子的臉，「『加油號』萬歲！」

起航的時間定在第二天凌晨 3 時。

莫泊桑激動得一夜未能入睡。母親也沒有闔眼，她知道要束縛這匹「脫韁的小馬」是無益的，唯有祈禱他平安無事。臨出家門，她又讓兒子喝了一杯濃濃的巧克力，因為兒子將要在清冷的海上顛簸整整一天哩！

真是天有不測風雲。早晨的海上還是晴空萬里，上午 10 時卻大風驟起；11 時，暴風雨肆虐的海面已變得一片晦暗。

洛爾的心比那狂翻的海面還要忐忑不安。她後悔不該把兒子放走。嘴硬心軟的老女僕約瑟芬不知到海灘上去空等了多少回。

當晚該歸的時候，「加油號」沒有歸來。第二天下午海面轉晴，「加油號」還是全無蹤影。一天又一天過去了，「加油號」

一定是遇難了。

第六天，當人們已不再懷抱希望時，「加油號」突然出現在遠方的海面上。人們奔走相告，歡呼：「啊！看那『加油號』！那不是『加油號』嗎！」

洛爾跟著從一早就坐在岸邊苦等的老女僕來到碼頭，「加油號」正好靠岸。

莫泊桑一眼就從等待的人群中認出母親來，他撲到母親懷裡歡叫著：「媽媽，媽媽！」

他好像根本沒想到在這 6 天裡母親是多麼焦慮，興致勃勃地嚷道：「媽媽，太好了！真遺憾，要是你跟我們一塊去該多好呀！」

洛爾的焦慮，連同她曾有過的後悔之意，頓時全消，都化作了幸福的眼淚。她不停地喃喃地說：「是的，下次媽媽一定跟你一塊去。」洛爾感激上帝讓她兒子平安歸來，感激上帝賜福給她的兒子。

大自然中只有 3 件東西是真正稱得上美麗的，那就是光、空間和水。當然，在莫泊桑的心靈上留下最深刻的烙印的，還是他與埃特爾塔海濱生活樸拙的人感情上的聯繫。

埃特爾塔的漁民和水手都喜歡莫泊桑，因為他沒有貴家子弟那種「少爺」脾氣。有一天，母親一個朋友在路上遇見莫泊桑與一個漁家小朋友一起，便要這小朋友幫她拎著剛買的一大籃子菜。莫泊桑卻把籃子接了過來。他不失禮貌，然而堅定地說：「我們輪流幫您拎吧，夫人，而且我先拎。」

海濱生活豐富多彩

　　洛爾對莫泊桑這種行動從來不加干涉。干涉的時候，只是在她無論怎麼說兒子都不聽從的時候。從他們夫妻分開之後，她就自己教育兒子。在樓上她的房間裡擺了桌子，買來必要的書，開始教導兒子。她為莫泊桑講解課本，談論她的老朋友、著名小說家福樓拜。

去接受正規的教育

1863 年，莫泊桑年滿 13 歲了，洛爾終於下定決心把這匹「脫韁的小馬」送去接受正規教育。送到哪裡去呢？對 13 歲的孩子來說，80 英里外的魯昂似乎太遠了些。於是，母親為他選定了 50 英里外的小城伊弗托的一所神學院。

莫泊桑的祖父和外祖父都不是虔誠的教徒。洛爾本人對宗教也不太信仰。但在當時，送子女到教會學校教養一段時間，乃是眷戀昔日生活方式的貴族人家的一種時髦。

於是，洛爾對莫泊桑說：「歐布爾神父是非常了不起的人。不過，你必須回到學校去，因為你已經 13 歲了。我已經辦好了進入伊弗托神學院的手續。」

莫泊桑繃起了小臉。他過慣了在大自然中自由自在的生活，沒有想到還要進學校，他不知道多久才能再回到海邊的生活。

而且，莫泊桑更沒有想到會進神學院，神學院不是神父拿著教鞭督促學生成為祭師的地方嗎？他很沮喪地說：「媽媽，我可不想將來當祭師。」

洛爾耐心地對兒子解釋道：「當不當祭師是你的事，將來由你自己決定。不過，在這一帶，好人家的孩子可上的學校也只有那裡了。那裡可以學到最好的學問，特別是在古典知識方面。」

莫泊桑內心遭受到巨大的打擊，他為了遺忘快樂的生活即將結束而努力。那天下午，他為了讓自己習慣於別離，離開大海，走向和大海相反的原野。

去接受正規的教育

莫泊桑雖然滿心不願意，可他畢竟只是一匹小馬。1863 年 10 月的一天，母親連哄帶勸，到底把他送進了那所神學院。

「新生走這邊！」在開學典禮上，校長致辭以後，老生退去時，一個長著酒糟鼻子、高大身材的神父命令道。

莫泊桑和十多個新生們一起提著各自的小提箱，從院子裡被帶到餐廳。莫泊桑兩邊看著，沒有發現一個可以成為朋友的人。

新生被一個個叫過去接受他們的提問。莫泊桑還能勉強應付，只是在回答教義時他有幾個問題答不出來。

這就是莫泊桑進校後受到的第一次待遇：先是審問，後是懲罰。

在餐廳裡，貼著一幅很大的標語：「嚴格如斯巴達，優雅如雅典。」神父們非常嚴格地遵守著這標語的前部。封鎖在高牆和終年緊閉的大門後面的教會學校生活之「嚴格」，堪與實行奴隸主，貴族寡頭專政的古代斯巴達「媲美」。

莫泊桑從此就開始了神學院的生活。每天天不亮就得起床，去禮拜堂參加清晨 5 時的彌撒。即使在仲夏也冷得像嚴冬的冰窖，凍得渾身發抖，也不敢搓搓發紅的手，或者跺跺發麻的腳。

因為神父虎視眈眈地在四周監督著，對於做彌撒時有不規矩態度的學生，動輒就罰吃青苔。

莫泊桑是最厭惡宗教活動的，這所教會學校從早到晚的禮拜活動使他感到無比的苦悶。此外，學生們做完禮拜，每天還要有固定的時間默想，默想完了還要向神父匯報自己默想的結果。

莫泊桑感覺，這種思想折磨真比肉刑還要殘酷。因為小孩子

無法對默想結論作詳細的報告，時常因為「注意力散漫」而受到懲罰。

所謂「優雅如雅典」，卻純是空話。且不說別的，古代雅典人講究清潔是有口皆碑的。而在這所教會學校裡，卻只讓學生一年洗 3 次腳。至於洗澡，就根本不用想！在海水裡泡大的莫泊桑，真像是離了水的魚一般，難以忍受。

他很少遊戲，也沒有朋友，經常一連幾小時思念著家，伏在床上痛哭不已。

這裡也有拉丁語，隨時隨地有拉丁語，拉丁語散文，拉丁語禱告，拉丁語翻譯和作文。如果僅從成績通知單來看，莫泊桑的學習成績還差強人意。入學後的第一個季度的評語是：

行為規矩，學習刻苦，性格善良溫馴。開端良好，望繼續努力。

一晃幾個月就過去了，莫泊桑非常討厭這種罐頭般的生活。夏天來到，暑假開始時，他推開家裡的門，母親和弟弟艾爾維跑過來親吻他，那時他感到彷彿從漫長的噩夢中醒來一樣。

後來就不然了。教會學校裡長期禁錮的生活使他在精神上感到越來越無法忍受的痛苦。他經常頭痛，有時痛得大聲號叫。

可奇怪的是，只要聞到街上運肥的大車散發出的海藻氣息，他的疼痛就會頓時全消。不管怎樣，由於頭痛，莫泊桑不時可以得到回家休養治療的自由了。

校方贈給莫泊桑的「規矩」和「溫馴」的讚詞，很可能只是為了取悅學生的家長。至少從第二學年起，莫泊桑就是反抗宗教清規戒律統治的小小叛逆了。

去接受正規的教育

　　吃飯時最討厭的是，為養成學生「以苦為樂」的習慣，非喝一種神父們稱之為「豐泉」的東西。那是一種摻有大量苦味水的飲料。

　　為了進行報復，莫泊桑班上的一個學生偷來食物儲藏室的鑰匙，等校長和學監們都睡著了，莫泊桑和幾個學生就把櫥櫃和酒窖洗劫一空，到屋頂上飽餐痛飲，直至黎明！

　　第二天事發，莫泊桑勇敢地承擔責任。遺憾的是校長從不開除一個出身於貴族之家的學生，而且以後各年評語也都不錯。只是 1868 年的成績單略有保留地寫著：

　　學習一般來說還令人滿意，自然科學部分尚有缺陷。

　　這一年，當莫泊桑在假期再度回到家裡時，母親倒退著，伸長臂膀，兩手抓著他的雙肩，仔細地端詳著說：「再過幾個月，你就 18 歲了。我簡直都認不出你了。」

　　莫泊桑卻微笑著對母親說：「媽媽，請不要告訴別人我才 18 歲。」

　　洛爾欣慰地笑了，兒子確實已經長大了。

　　1868 年，莫泊桑最終觸怒了這所教會學校的統治者。事情是這樣的：莫泊桑有一個表姐，和莫泊桑的關係十分親暱，甚至有些曖昧。這年 5 月，這位表姐出嫁了。

　　回想與表姐在一起的愉快的往事，再看眼前自己的苦修生活，莫泊桑感慨萬分，並為表姐寫了一首書簡詩。莫泊桑毫無顧忌地把這首詩夾在他那本常置案頭的《聖經》裡，學監很快就發現了。

這種蔑視宗教的行為，使校長大為光火：「小壞蛋，一定是魔鬼附身了！」

學校的看門人把被開除的莫泊桑送回了埃特爾塔。

洛爾虛張聲勢地對兒子大加喝斥，可她內心裡實在並不以為兒子有多大過錯。在她看來，這件事與其怪兒子荒唐，莫如怪神父們虛偽。

莫泊桑看出母親在強忍笑意，等來人走後，他撲到母親懷裡，高興地喊著：「媽媽，您真好！您簡直就是天使！」

求學魯昂見福樓拜

1868 年，莫泊桑結束了在神學院的生活。雖然他沒有興趣學習神學，但學院還開設了古典文學藝術方面的課程；雖然「嚴格如斯巴達，優雅如雅典」的學校不盡如人意，但對莫泊桑了解和認識教會，增加個人閱歷，樹立文藝濟世的思想具有重要意義。

不管怎樣，還得繼續上學。這一次，洛爾再也不敢把兒子託付給神父們去管束，決定給他選一所新派的世俗學校。於是，1868 年 10 月，莫泊桑被送進魯昂著名的高乃依中學。

這所學校的前身雖是一座耶穌會教士辦的學堂，然而在科學技術在法國長足進步的時代，教學內容和教學方法已大大改觀，相當開明了。

馬車在魯昂街道搖搖晃晃地穿過哈佛爾門，向左邊轉彎，沿著塞納河的弧形街道走著。

洛爾興奮地對兒子說：「這一次，你要住在福樓拜先生附近。」

他們兩人於前一天早上抵達魯昂，在雨後秋天的下午，要去拜訪福樓拜和他的母親。為了讓兒子能會見福樓拜，洛爾特地一起來到魯昂。她說：「我已經在信裡把你的情況都講明了。」

福樓拜對莫泊桑瞭如指掌，因為早在 3 年前洛爾就與福樓拜恢復了信件聯絡。每次寫信給老友，她總免不了對這匹「脫韁的小馬」的最新奇遇作專門的介紹。

由於母親時常提起這件事，所以莫泊桑也有一種與福樓拜早已相識的感覺。

據說，福樓拜是一個奇怪的人，他在晚上寫到包法利夫人自殺的場面時，自己口中也因真正感到馬錢子的味道而嘔吐起來，寫完最後一行時，全身冷汗如雨，十分不舒服，而不得不請醫生來看病。

馬車在泥濘的街道前進之中，莫泊桑站起來俯視下面的塞納河，看到拖船向空中吐出黑色的煙，並發出「吱呀」聲，還看到雙桅小帆船上的人影。

克洛瓦塞是第一個村莊，馬車進入兩旁種著樹的道路。經過守門小屋後，路往下傾斜，從山毛櫸、白楊、高大的榆樹之間，看見了狹長而扁平的房屋。庭園微微傾斜，一直延伸到沿著塞納河的拖船道。

兩個僕人把他們帶到擺著豪華家具，但空氣不流通，蒙著一層灰塵，明亮而寬大的客廳。

客廳對面的門打開了，福樓拜母親走出來，並傳出一陣歡呼聲：「嗨，洛爾！」

洛爾也興奮地叫起來：「終於又見面了，福樓拜夫人！」

兩個人互相親吻著面頰。老夫人穿著黑色的衣服，因為年紀很大了，行動有些遲緩。

福樓拜走在後面，他寬大的肩上架著一顆碩大的頭顱，長長的黃色鬍鬚就像海盜一般。他藍色的眼睛閃閃發亮，細細打量著這位小客人。

求學魯昂見福樓拜

洛爾在來信中說：「居伊會使你想起阿爾弗萊德。」

是的，這小傢伙長得的確像他舅舅，特別當他略略低下頭來的時候，福樓拜簡直要驚呼起來，彷彿亡友阿爾弗萊德就在他面前，像 20 年前一樣。他深深地陷入了對往事的回憶之中。

莫泊桑家和福樓拜家原是世交。莫泊桑的外祖母和福樓拜的母親從小時就是好同學，結婚後她們兩家都住在魯昂，後來她們的子女也就成了親密的朋友。

阿爾弗萊德雖比福樓拜大 5 歲，而且班級較高，卻是福樓拜一生最知心的朋友。他們都酷愛文學。在魯昂的《蜂鳥》小報上，阿爾弗萊德發表詩歌，福樓拜發表劇本。

那時，福樓拜的父親任魯昂市立醫院院長，家也就住在那裡。以他家為活動中心，幾個年輕人形成一個小小的文學團體，成員有阿爾弗萊德‧勒‧普瓦特萬、福樓拜、路易‧布耶、洛爾‧勒‧普瓦特萬，她的妹妹也經常來參一腳。

阿爾弗萊德是這個小團體公認的領袖。比之於福樓拜，他更潛心於對哲理的探討，因此也是在精神上對福樓拜影響最大的一個人。

1863 年，福樓拜在致洛爾的信中寫道：

沒有一天，我敢說幾乎沒有一時，我不想他。現在我認識了通常所謂這時代最聰明的人物。我用他來衡量他們，往往一比，我覺得他們好不庸碌。

福摟拜的小說《聖東安的誘惑》的第一頁上就寫著這樣的獻詞：

紀念一生的摯友阿爾弗萊德‧勒‧普瓦特萬，1848 年 4 月 3 日亡
於瓦塞勒。

而《包法利夫人》出版時，福樓拜在贈給亡友之母的一冊上
寫著：

他要活著的話，這本書原該獻給他。因為在我心上，他的位子空
著，而熱烈的友誼絕不熄滅。

阿爾弗萊德的去世給福樓拜帶來極大的打擊。他永遠也不會
忘記自己親手用屍布把亡友裹起來，和他最後吻別的情景。

福樓拜收回了陳舊往事，對莫泊桑嚷道：「小壞蛋，竟敢寫
詩侮辱教會！終於被趕出神學院了吧，真是個沒用的傢伙！」說
罷，便哈哈大笑起來。

莫泊桑先是驚魂稍定，然後也忍不住笑起來。他感覺福樓拜
很親切，絲毫沒有大作家的派頭，也不像在宮廷走動、與皇帝和
皇后打交道的人。

只見他身體肥大，留著長長的上髭，頭頂禿得厲害，下巴上
少一綹鬍鬚，也戴夾鼻眼鏡。

福樓拜給莫泊桑的第一印象，就像征服者的諾曼第人，又像
好戰的北方海盜。再低頭看到福樓拜那寬鬆的褲子和拖鞋，莫泊
桑差點笑出來。

福樓拜注視著莫泊桑，「放心好了，不會再出亂子了。」他
又轉過頭對洛爾說：「簡直和阿爾弗萊德一模一樣，眼睛和下巴
都一樣。」

接著，他們共進午餐，一起隨便談笑著。

求學魯昂見福樓拜

說起魯昂高等中學，福樓拜說：「我也在那裡讀過，沒有比那個地方更討厭的了，簡直和軍隊一樣。沒有桌子，坐在舊得不能再舊的椅子上，左手拿著角形的舊墨水瓶，另一隻手握著叫鵝筆的雞毛筆，在膝蓋上寫拉丁語動詞寫到很晚。你馬上就會嘗到滋味了。」

莫泊桑大吃一驚：「是這樣！」但他馬上就看到福樓拜臉上掛著愉快的笑容。

福樓拜笑著說：「別擔心，壞小子，已經和我們那個時候不一樣了。因為現在是產業革命最熾烈的時候，是該幸福的時候。」

洛爾和莫泊桑母子兩人告辭的時候，福樓拜在門口的臺階上緊緊握著莫泊桑的手，「小子，沒事就常來玩啊！」

他們的馬車走出好遠了，莫泊桑還看到那個高大的身影在向他們揮著手，寬鬆褲子在晚風中「啪啪」作響。

莫泊桑和母親也向福樓拜揮著手。他看到母親臉上滿是感激的神色，她說：「親切的福樓拜。」

莫泊桑卻說：「好神奇的人物。」

莫泊桑好不容易跳出了教會學校的苦海。兩天後，新的學期就要開始了，莫泊桑感到非常高興。莫泊桑特別能體會這所學校的優越，很快就對這裡的一切發生了興趣。

尤其使莫泊桑高興的是，他結識了幾個好夥伴：綽號「高帽子」的羅貝爾‧潘松，綽號「小藍頭」的萊昂‧封丹，還有亨利‧布萊納。他們不僅玩在一起，而且都愛好文學，希望將來當一名作家。

在他們當中，莫泊桑的作品最多。其實，莫泊桑從 13 歲入神學院那年就開始寫詩了。他熱衷於寫詩，顯然是母親薰陶的結果。

　　莫泊桑從埃特爾塔來到魯昂，他的手提箱裡帶著厚厚的一摞詩歌手稿，閒來就讀給夥伴們聽。什麼都能激起他的詩情：海浪、懸岩、田野、月夜⋯⋯

　　在內地長大的夥伴們聽起來，這一切既新鮮又有詩意，於是，就送給莫泊桑「詩人」的雅號。夥伴們的嘖嘖稱讚，使莫泊桑頗感自豪。但他並不自滿，他每寫一首新作，總要寄給母親點評：

> 在這首詩裡我試用了一種新格律，很沒有把握。不妥之處，請您一一指出，依然是越具體越好。此外，總還覺得欠缺詩意。

　　母親自然用勉勵來滿足兒子的要求。

受布耶、福樓拜指點

　　一天，魯昂中學的學監戈達爾帶著學生們去野外散步歸來。戈達爾學歷不深，但是刻苦自修，學識甚廣，很受學生們的敬重。

　　這天，在學生的行列中，戈達爾像往常一樣認真地督率著隊伍，不時提醒著：「注意挺胸！」

　　當隊伍走到學校附近的蒙賽納街，接近轉角的時候，戈達爾突然舉起一隻手，喊了一聲：「立定！」然後他脫下帽子，向迎面走來的一個男人畢恭畢敬地連連鞠了幾躬。

　　但是，從前面走過來的，只是一個胖男人而已。

　　那是位佩戴著榮譽團勳章的身材高大的先生，約莫四十五六歲，留著長而下垂的鬍子，走起路來肚子前挺，腦袋後仰。等他轉過臉來，莫泊桑看到，他那小小的、奇怪的鼻子上架著一副夾鼻眼鏡。

　　莫泊桑感到莫名其妙：「這人是誰？戈達爾對他如此肅然起敬？」

　　那個胖男人在這一瞬間顯得竟有點不知所措，他匆匆地消失在最近的小路。

　　戈達爾一邊匆忙地讓大家退後，一面反覆地告訴大家：「這位就是路易·布耶先生。你們遇見了布耶，值得你們記住，是我們偉大的詩人路易·布耶，可以向別人誇耀，你們遇見了他。他

可是一個了不起的天才！」

莫泊桑不禁驚喜得叫出聲來：「這就是路易‧布耶！」

他聽母親說過，舅舅阿爾弗萊德‧勒‧普瓦特萬青少年時代有兩個好友，一個是當今法國文壇巨匠福樓拜，一個就是詩人和戲劇家路易‧布耶。這兩個人與外婆家都是世交。

母親曾把布耶的住處告訴過莫泊桑，並說：「去拜訪他，我們從很早以前就認識了。」

布耶先生現為魯昂圖書館館長，發表過描寫衰敗時期的羅馬的《梅列尼斯》、試圖把詩歌與現代科學結合起來的《化石》和為藝術而藝術的《花彩與環飾》等詩作。另外，他的劇作《蒙塔希夫人》和《昂布瓦茲密謀》都產生過不小的反響。

戈達爾先生站在山岡上，他昂著頭，臉上容光煥發，開始朗誦布耶的詩。莫泊桑聽著，心裡在想：「詩句非常優美啊，那個看起來很笨拙的胖子為什麼會寫出這樣動人的詩？」

這次意外的路遇啟示了莫泊桑，他決定第二天便去拜訪布耶。為此，他當晚便去買了一本《花彩與環飾》。這部富有音樂感、象徵性和幻想色彩的詩集，竟一下子深深地吸引了他。

在這之前，他分別寫了信給布耶和母親，表明了自己的想法。洛爾非常支持兒子，她覺得讓兒子結識這位勤奮的詩人，會對兒子產生積極的影響，說不定將來兒子也會成為一個詩人。

同時布耶也急切地盼望與這位少年的會見，他想從這位年輕人的身上找到昔日老友阿爾弗萊德‧勒‧普瓦特萬的影子。

第二天放學後，莫泊桑匆匆向魯昂近郊的比歐雷街走去。那

受布耶、福樓拜指點

是要離開地方都市時經過的沒有特色、陳舊、不知道盡頭在什麼地方的街道之一。他來到 14 號，在一座樸素的住宅前停下來，怯生生地拉了兩下門旁垂持的鐵環，遠處響起鈴聲，但沒有人出來。

過了好一下，莫泊桑才聽到拖鞋慢吞吞地在地板上發出的「沓沓」聲音。布耶本人開門出來迎接他。

「我……」莫泊桑囁嚅著說不出話。他覺得自己像個傻瓜，這兩天以來一直反覆練習的一套話這時已經不知跑到什麼地方去了。

布耶看著他，偏過頭去，夾在鼻梁上的眼鏡晃動著，問道：「孩子，你有什麼事？」

「布耶先生，非常幸會，我是居伊·德·莫泊桑。我來……」

布耶高興地說：「哦，你就是居伊·德·莫泊桑？我是布耶。我好像見過你，在接到你的信以前，我已經接到你母親的信。進來吧！」布耶一邊說著，一邊伸出胖胖的手。他比莫泊桑想像中還要胖，笑起來雙層下巴不停抖動，似乎把抖動一直傳遞到胃部，慢慢再延伸到五臟六腑。他有一張肥胖男人常有的小嘴巴，笑起來就露出兩排緊密的牙齒。他把莫泊桑帶進書房。

書房面積本來就不大，除了書桌和壁爐的部位，四壁都立著書架，就更顯得狹小了。中間只能放下兩張沙發，供人相對而坐，促膝交談。

莫泊桑謙遜而認真地說：「布耶先生，我剛剛讀過您的詩集《花彩與環飾》。我正在學詩。這次就是特地拜您為師來的。」

布耶習慣地做了個鬼臉：「噢！這還是第一次有人找上門來，不是借書或者辦借書證，而是為了學詩。」

　　不過，莫泊桑從他的話音裡，還是可以聽出不甚得志的苦澀味。以後莫泊桑將了解到，總有笑臉的布耶，內心實在是充滿了痛苦。不過他性格堅毅，連痛苦在他身上看來也像是歡樂。

　　莫泊桑沒有讓布耶失望，他英俊的面孔、優雅的風度、謙遜的態度、汨汨的才情給布耶留下了深刻的印象。他特別珍愛這位老友的外甥。不消說，布耶收下了這個學生，他也成為莫泊桑的第一位真正意義上的文學老師。

　　一個星期日，他照例又到布耶的住處來聆聽教誨。走進布耶的書房，比平時加倍濃厚的煙霧使他感覺異樣。他走進以後才發現，原來福樓拜也在這裡，他正把身體埋在扶手椅裡。

　　布耶對莫泊桑說：「可以把你的新詩讀給我們聽聽嗎？」

　　莫泊桑掏出一頁詩稿，朗讀起來。

　　當我13歲的時候，有一天，我偶爾睡在倉庫的角落裡，一陣奇異的聲響把我吵醒，只見僕人若望躺在草堆上，把我家女傭緊緊摟在懷裡。於是我便跟我的一位女友，14歲的雅娜，向他們學習。

　　福樓拜和布耶一邊聽莫泊桑朗讀著他的得意之作，一邊彼此交換著各種眼色，做著各種鬼臉，像一對惡劣的頑童。

　　到第三節結尾時，福樓拜大聲地重複最後一行說：「什麼『吾心片片破碎』？你用這種方法表現你的感動嗎？你的心像餅乾一樣容易折斷、破碎嗎？你想以這種形象使法國文學豐腴嗎？好吧，繼續唸下去。」

受布耶、福樓拜指點

莫泊桑又接著往下念，他們兩個人聆聽著，他們的菸斗發出更高的呼嚕聲。唸到中間時，福樓拜又忍不住了：「什麼『平靜深海善變如女人心』？不管哪個處女都不會發生這樣的事。以海來比喻善變的女人？這樣騙人，這樣差勁的比喻，還自以為是獨創的風格？為什麼拿女人作比喻，嗯？」

他又回過頭來對布耶說：「布耶，你到底讓他看了些什麼書？這是你的罪過。這些都是現成的觀念，慣用的觀念！不行，要寫詩的話，要寫出值得一讀的短短一行詩的話，非用功不可。要用功，對不對，布耶？」

莫泊桑剛剛讀完，布耶立刻就有滋有味地品評起來：「你這首詩，句子疙疙瘩瘩，像一塊牛蹄筋。不過我讀過更壞的詩。這一首就著這杯香檳酒，勉強還能吞下。」說罷，他端起桌上的一杯香檳酒，揚起脖子，一口吞下。

福樓拜卻沉吟半晌才發表意見：「你以後不難了解，我們這對單身漢並非禁慾主義者。乾脆說，我甚至欣賞你的詩中所表現的那種自然的生活情趣。不過，我覺得你的詩還缺乏意境，而沒有意境是不可能成為好詩的。」

稍稍停頓一下，福樓拜又加重語氣說：「在我看來，重要的在於提煉。還是要用功，什麼叫用功，布耶大概會告訴你的。不行，還是我來說吧。布耶為了寫 4 行詩，修改了 10 天，這就是用功。」

布耶接著說：「而他則為了寫 3 行詩，花費了 10 小時精神，而且還沒有完成。」

說完，兩個人交換著眼光。

福樓拜和布耶的這番話，使莫泊桑想起母親講的一個故事。福樓拜寫作極其嚴肅。他寫那部名著《包法利夫人》時，反覆思索，甚至每寫一小段就一邊彈著鋼琴一邊朗讀，看文字的音響和諧悅耳與否。

莫泊桑由此而聯想：自己昨天連夜閱讀的布耶的詩集《花彩與環飾》，形式那麼玲瓏剔透，一定也嘔盡了心血！

福樓拜接著說：「如果要寫作，就一定要謙虛。對不對布耶？」

布耶附和著：「不錯。」

福樓拜突然起身扔掉菸斗說：「好了，現在該我們兩個老文學家表演了，來讓你這個小傢伙開開眼。來吧布耶！」

布耶伸出手臂，與福樓拜挽在一起。

福樓拜對莫泊桑說：「且住，我向居伊說明一下。這是我的傑作，叫做『討債的腳步』，作為青春的過失的解毒劑。」

這兩個讓白蘭地衝得頭腦微醺的老作家，興沖沖地開始踏出可笑的滑步。福樓拜因為快樂而臉漲得通紅，海盜標誌的鬍鬚隨著節拍而左右搖擺。而布耶則一邊邁著腳步，一邊騰出手把眼鏡推回原位。最後，他們都摔倒在沙發上，像兩個玩瘋了的孩子一樣笑得前仰後合。

笑得累了，福樓拜又喝了兩口白蘭地，然後起身告辭。

布耶卻說：「等一下，我們一起走，順便去聖羅馬節上去參觀一下熱鬧場景。」

受布耶、福樓拜指點

　　每年秋天，從華基斯廣場到布朗格朗廣場，沿著道路展開聖羅馬祭典活動。全魯昂市的商店和攤販都被吸引過來，手風琴、大鼓等震天響，賣洋香腸的聲音、麵包蛋糕的叫賣聲、烤栗子的呼叫聲充滿了街道，還有酒醉的、吵架的女人、叫喚走失孩子的聲音。

　　他們慢慢穿行在怪力士、五腳羊、蚤子、莫測高深的修行者、英勇無敵的摔跤手、雄辯者等嘈雜混亂中。

　　莫泊桑跟在被幾個丑角吸引住的布耶和福樓拜後面。福樓拜的帽子歪斜著扣在腦袋上，嘴巴收緊，走起來就像個滑稽的魯昂女人；而布耶則扭動著突出的腹部，邁著小步走動，表演痴呆漢的動作。人們都回頭看著這兩個大男人的嬉戲，並奇怪地望著他們身後跟著的那個渾然忘我的少年。

良師栽培健康成長

　　偶爾布耶也帶著莫泊桑去福樓拜那裡。每當布耶和莫泊桑到來，這所與世隔絕的精巧住宅就頓時熱鬧起來。福樓拜總忘不了向莫泊桑展示自己最近收藏的雕花菸斗。而福樓拜的高齡老母，也免不了親自動手，為老友的外甥煮一杯充滿濃郁香氣的咖啡。

　　福樓拜不止一次對莫泊桑語重心長地說：

「你應該好好地用你的時間，應該做正當的事，就是寫詩。你划船太多了，運動太多了。你應該常常用心作詩，分出學詩的心思去管閒事，真是太可惜了。」

「把你的時間奉獻給詩神吧！做一個健全的人是非工作不可的，你的最大缺點就是沒有工作。不明白這個，無論怎麼說都是枉然的。」

「做一個藝術家，只有唯一的原則，就是一切都為了藝術。看，為作詩而看；聽，為作詩而聽；想，也為作詩而想。你也應該如此。」

　　與此同時，布耶則鼓勵莫泊桑繼續努力寫詩，並要求他每個禮拜天下午都要把新寫的詩拿給他點評。

　　莫泊桑漸漸了解了布耶的人格。福樓拜告訴了他布耶不為人所知的部分：布耶的家人強迫他學醫，但他不屈反抗，把財產讓給兩個妹妹，自己埋頭寫作詩和劇本。他以擔任拉丁語和法語家庭老師的收入，過著清苦的生活。

良師栽培健康成長

　　而布耶也告訴了莫泊桑福樓拜的一些祕密：1840 年《誘惑》初稿完成的時候，福樓拜花了 3 年心血，像囚犯一樣，專心於這本著作，然後將它交給布耶和另一個叫馬克西·姆·狄·岡的人去批評。

　　布耶說：「他把原稿丟在我的頭上，以誇大的動作叫道：『假使你們狂熱之餘，叫喚不出來，那麼，不論拿出什麼都引不起你們的感動。』他預定 4 天時間讓我們聽他閱讀，事實上正好花了這些時間。每天從中午至 16 時，20 時至午夜零時讓我們聽。讀完最後一行時，他說：『喏，坦白將你們的想法告訴我。』我回答說：『我想，應該拋入火中，再也不必把它撿起來。』啊，那是多麼殘酷的事！可憐的福樓拜，他是謙虛的。」

　　布耶對莫泊桑指出重點：

「必須找出一個主題，接著要找出可以實現這個主題的時機，非從你自己身上發現必要的力量不可。那麼，假定你把握了好時機。雖然那是沒有人知道的。但要知道，100 行好詩，就足夠造成一個不朽的詩人了。」

　　這兩個人，透過他們淳樸而又明智的教誨，給了莫泊桑永遠奮進的力量。同時，他和這兩個父輩結下了深厚的友誼。

　　1869 年 7 月 18 日，在莫泊桑正預備大學入學資格考試的最後階段，這時，他收到福樓拜的信：

布耶猝然死去，僅 47 歲。

　　莫泊桑雖然早就知道布耶生病了，但由於學校的功課繁重，從兩週前就無法到比歐雷街去探望他了。

布耶英年早逝，這份突然的打擊對莫泊桑和福樓拜來說是同樣沉重的。

數天後，一個陰鬱悶熱的早上，莫泊桑和福樓拜、邦森，以及其他許多朋友，一起經過魯昂古老的迴旋路，送布耶出殯，經過聖女貞德被焚刑的廣場、馬少爾街、盧治馬街，沿著 3 個尖塔和有歌德式烙畫玻璃的寺院前進。

莫泊桑失去了在詩歌道路上為自己引路的良師益友。

福樓拜當年「桃園三結義」式的知心朋友先後早逝了兩人，他好不傷悲。就這樣，再也沒有人向他啟示寫作的線索，再也沒有人做他的第一讀者，再也沒有人對他發表一針見血的評論了。

福樓拜在布耶死後不久致喬治‧桑的信中，像孤鴻一樣哀鳴：

> 我一點也不覺得需要寫文章，因為從前我寫，只為一個人看，如
> 今他去世了。

所幸的是，莫泊桑和福樓拜在彼此的身上找到了慰藉；福樓拜對莫泊桑的慈父一般的友誼與日俱增。在捍衛亡友布耶身後的榮譽、為建立布耶紀念碑而奔走呼號的日子裡，福樓拜同時毅然獨自挑起了培育莫泊桑的擔子。

福樓拜深知莫泊桑的為人，生怕他成為他父親居斯塔夫‧莫泊桑式的人物，所以總是適時鼓勵和勸誘他朝好的方向發展。每當莫泊桑出現新的問題時，福樓拜總是積極引導他建立正確的人生態度，不可玩物喪志。正是在福樓拜的悉心教育下，莫泊桑堅定地走上了文藝創作的道路。

良師栽培健康成長

此後，莫泊桑一有時間就去看望福樓拜，福樓拜也越來越喜歡這個年輕人了。莫泊桑也坦然地把一些習作拿給他，福樓拜都高興地讀了。

福樓拜以一個長者的睿智，發現了莫泊桑的困惑，並像父親對待兒子一樣關心這位缺失父愛的小夥子。福樓拜教育他遵守創作原則和規律，注意累積創作素材，養成良好的觀察習慣。

為了使莫泊桑早日走上作家之路，福樓拜還親自為他安排作業和練習，要求莫泊桑每次外出回來必定要寫出「沿途所見」，並且要突出事物的特點和重點，不能馬馬虎虎、敷衍了事。

待莫泊桑有了一定進步後，福樓拜又提出嚴格的要求：

> 不要匆匆忙忙地把這些故事寫出來，也不要急於發表。重要的是去發現別人沒有發現、沒有寫過的東西。因為在全世界沒有兩粒沙子、兩隻蒼蠅、兩隻手或兩隻鼻子是絕對相同的。

然而，福樓拜對莫泊桑也不是一味地溺愛。每當他看到這個年輕人因貪玩而不務正業時，總是嚴厲而善意地幫助他認識自己的錯誤。他不厭其煩地告誡莫泊桑，做人要有原則，做事要有分寸，不能隨心所欲，尤其不能懶惰感傷。

他說：「應該像個堅強的男子漢那樣對待自己，唯有這樣才能成為一個堅強的男子漢。」

事實證明，福樓拜不僅是一位天才的作家，而且是一位卓越的導師。正是這位小說大師，因勢利導，循循善誘，把莫泊桑引向小說創作的道路。

告別魯昂趕赴巴黎

1869 年 7 月 25 日，路易‧布耶去世剛剛一週，莫泊桑依然沉浸在深深的哀思之中，便不得不乘上長途車，去 100 多英里外的坎城參加中學畢業會考。

7 月 27 日，莫泊桑在坎城科學院順利地通過了會考，獲得文學學士學位，隨即返回魯昂。

因為會考既已通過，下一步就要進大學，為了兒子將來能有可靠的職業，父親居斯塔夫和母親洛爾已經達成一致意見，要莫泊桑去巴黎學習法律。

莫泊桑的表兄路易討厭法律，他勸告莫泊桑絕對不要答應。但這事早在很久以前父母就已經說定了。

非學法律不可，布耶的死帶來的悲哀，必須離開埃特爾塔的無奈，這一切，都隨著對世界中心、大都市巴黎的憧憬而慢慢變淡了。這樣，莫泊桑在魯昂與文學大師福樓拜常相聚首的日子就不多了。

他似乎決心在入學前的短短時間裡迅速變成一個詩人似的，回到魯昂以後，幾乎無時不在寫詩，沒有一天不產生新的詩作。

不論莫泊桑的詩作如何多產，福樓拜總是耐心地替他一一評析。

「你給我帶來的這些作品，證明你是聰明的。但是，年輕的居伊啊，不要忘記，用布耶的話說，才華無非是長久的耐心。用

告別魯昂趕赴巴黎

功吧！」「『夜鶯在近處的森林中歌唱，鵪鶉在遠遠的平原上和鳴。』你還這麼年輕，而你的詩至少有 50 歲！從用功做起吧！」

但是，每當莫泊桑的習作中出現哪怕一個精彩的字詞，福樓拜也會稱讚。但總的來說，福樓拜並不欣賞他的詩作。可是，在確信莫泊桑缺乏詩才之前，他不會輕率地下結論斷送掉孩子的詩作之路。所以，他一再熱忱地鼓勵莫泊桑：用功，用功，再用功。

兩個月時間轉瞬即逝，10 月大學即將開學，莫泊桑這才離開魯昂，離開福樓拜，匆匆去埃特爾塔向母親告別。

離開魯昂前不久，莫泊桑把一首小詩獻給福樓拜，年輕的弟子對他所崇敬的導師的眷戀之情，躍然紙上：

請看那燕子飛去了，
它拍打著雙翅遠去。
但這忠實的鳥兒，總要飛回老巢，
當冬日的嚴寒過去。
任興致所至的人呀，
過著浪跡四海的生涯。
但他永遠懷念著故土，
那裡遺留著他的童年和祖先的屍骨。
當他感到歲月凍結了他遨遊的濃興，
他會悔恨，倘若明智些，
會重返故鄉尋覓恬靜幸福的時光。

莫泊桑就這樣依依不捨地離開了克魯瓦塞特。福樓拜一直送他到柵門外的公路邊。臨別時他們再三相許要盡早再見。為聆聽

自己敬慕的大師的教誨，莫泊桑絕不畏懼長途奔波之苦到克魯瓦塞特。同時，福樓拜在巴黎有一處寓所，他每年都到那裡小住幾次，以寬釋寫作的勞頓。他說他可以去巴黎，那時莫泊桑可就近找他。

莫泊桑現在來到了這個世界中心的中央，從吉姆納茲穿過彭奴威大路到馬德倫寺院，一般稱為「普魯華爾」，具有不可思議的魅力，是個名聞遐邇的地方。

大蛋白顏色的球體中閃光的煤氣燈吹動長長樹枝的微風，從路上發出的吵鬧聲、大時鐘的鐘聲、口哨、奏著耳熟曲調的風琴聲，流動商的叫賣聲，路上闊步而行的腳步聲，這一切都是大都市不間歇的無形大流動。

1869 年 10 月，莫泊桑開始了在巴黎法學院的學習生活。他住在蒙賽街 2 號樓下的一個小房間裡。父親的住宅也在這座樓上。

18 時，是普魯華爾每晚醒來的時候。

莫泊桑顯得很興奮，巴黎，啊！巴黎，這是怎樣一個大都市啊！不論看到什麼，聽到什麼都不覺得枯燥乏味。黑色與黃色出租馬車垂掛著車篷氣派地走著，與它們擦身而過的是那些坐著紅男綠女的專用的公共馬車。

有專賣皇帝御用品的大安店，有最新流行商品的吉爾店，以及普魯華爾人視同褲子般不可缺少的製作手杖的魏爾雷店等，一直到 22 時仍然顧客盈門。

杜依爾麗皇宮的窗子整晚都亮著，皇宮裡燈火輝煌，因為皇帝與皇后幾乎每晚都舉行豪華的舞會。據說，巴黎從前並沒有這

樣喜氣洋洋。在奧斯曼男爵手下，中世紀時代汙穢的地區一掃而盡，漂亮寬闊的道路從市區縱穿而過。

而在這個階段，莫泊桑出生時還在策劃之中的第二帝國，已經到了它統治的末期。由拿破崙的姪子路易・波拿巴於 1852 年透過政變建立的法蘭西第二帝國，有過它表面繁榮的時期。其間，法國基本上完成了工業革命，科技、交通、城市建設等部門都取得長足的進步。但「輝煌」的外表掩蓋不了第二帝國統治下人民極端貧困化的事實。而 1860 年代末 1870 年代初的第二帝國，正如馬克思在《法蘭西內戰》中指出的：

> 在用欺詐和犯罪手段獲得財物，並荒淫無度地加以揮霍這一情景
> 對照下，民眾之貧困顯得特別刺目。

法科大學生莫泊桑固然要啃書本，結合以往的案例研討法律條文，但在這極度腐敗的社會裡，現實生活形形色色的罪惡事件層出不窮，也必然引起他的興趣。他剛到巴黎，所有的人都在談論司機特羅普曼殘殺一對農民夫婦和他們的 5 個孩子的案件。

12 月 30 日，法庭宣判特羅普曼死刑，這個兇手竟還「風度翩翩」地向旁聽者鞠躬致敬。

緊接著，1870 年 1 月 10 日又發生了皇帝的堂弟皮耶爾・波拿巴親王打死《馬賽曲報》記者維克托・亞華爾的事件。在公眾的壓力下，皇帝不得不把這位親王關進了監獄。

親身經歷普法戰爭

時光荏苒，莫泊桑來到巴黎已經好幾個月了。他已經適應了巴黎這種流光溢彩的生活。他既看到了它的繁華，也見識了它的奢靡和墮落。

然而，與法國廣大人民一樣，莫泊桑當時最關注的，還是普魯士和法國之間日趨緊張的事態。

自 1866 年以來，為奪取歐洲大陸的霸權，普魯士與法國的關係就不斷惡化。1860、1870 年代，國內人民對第二帝國反動統治的不滿情緒，已經達到空前的高漲，拿破崙三世在俾斯麥的挑動下，更迫不及待地要和普魯士開戰，以便借對普的軍事勝利，來鞏固他那搖搖欲墜的皇位。

當時，法國陸軍大臣氣壯如牛地宣稱，法國軍隊「連最後一個士兵護腿上的最後一顆鈕釦都準備好了」，一旦開戰，法國立刻能動員起「60 萬精兵」。

儘管第二帝國事實上對戰爭根本未做認真的準備，拿破崙三世還是在 1870 年 7 月 19 日魯莽地對普魯士宣戰了。

這時，將滿 20 歲的莫泊桑也與所有適齡青年一樣，就在這充滿戰爭狂熱的 7 月，在拿破崙三世為招募「60 萬精兵」而掀起的徵兵運動的最初日子裡，他被徵召入伍。

起初，他和大批同年齡的所謂「70 級士兵」先被集中到巴黎東面的萬森要塞受訓。在那裡經過簡單的考核，他隨即被派往駐紮在魯昂的勒阿弗爾軍區第二師，成為該師後勤處的一名文書。

親身經歷普法戰爭

　　莫泊桑所在的部隊雖然駐守在二線。但魯昂離法國東北部與普魯士接壤的地區並不太遠。焦灼不安的魯昂軍民，很快就可以得悉前線的戰況。

　　8月2日，戰爭正式打響了。最初幾戰，法軍在士氣、裝備和指揮方面的弱點就暴露無遺，普魯士軍隊占盡上風。8月中旬，前線法軍的全部主力被分割為兩部分：由巴贊將軍率領的一部分被圍在麥茨；由拿破崙三世和麥克馬洪元帥率領的一部分被圍在色當。

　　不僅如此，普軍完成包圍以後並不耽擱，他們直搗法國腹地，向內地長驅直入，所向披靡；而法軍則節節敗退，兵敗如山倒。

　　面對洶湧而來、所向披靡的敵軍，莫泊桑所在的部隊也的確投入了「戰爭行動」。於是，莫泊桑深切地感受了法國潰敗的全過程。

　　那是多麼滑稽的「戰爭行動」啊！它充分顯露出法軍的混亂狀態。莫泊桑所在的部隊受命去構築一道防線，第二天卻又莫名其妙地放棄了剛挖好的戰壕。

　　還有一次，他們奉命去一座森林狙擊敵人，到那裡卻發現那森林早在5年前已被砍伐光了。

　　另一次，他們接到緊急命令，冒著傾盆大雨行軍10英里切斷一支敵軍，結果這命令竟是一種訛傳！

　　面對勢不可擋的普魯士軍隊，莫泊桑深深地感到了法軍戰爭之初「氣壯如牛」的可笑。他看到法軍官兵的種種滑稽戲：一下

是信心百倍的進攻宣傳，一下又是節節敗退的撤退沮喪；一下是確鑿的軍事情報，一下又是毫無根據的訛傳；一下是大軍勝利的捷報，一下又是潰不成軍的慘象和狼狽。

不久，莫泊桑所在的部隊便被捲入大潰退的洪流，而莫泊桑也奉命送一封公函去勒阿弗爾市，脫離了自己的部隊，加入了散兵游勇的行列。每到一處，他都不得不目睹法國軍隊的慘痛失敗。

在這戰爭史上罕見的大潰退中，莫泊桑沿途所見的部隊已潰不成軍。那狼狽的景象令他永生難忘。莫泊桑後來寫道：

> 這簡直是一支人的巨流。後浪推前浪，所經之處，都泛起人們偷食農作物之後遺留下的泡沫。我經常可以看到一個年輕的士兵，因為鞋子把腳磨得太痛了，便脫下鞋子赤腳行走，每走一步留下一個血印。
>
> 不光是飢渴和艱苦，更致命的威脅是敵人的炮火。潰敗的法軍拚命地逃奔，越戰越兇猛的普軍緊追不捨。莫泊桑甚至可以感覺到這些「猛獸」噴射到後背的「鼻息」。
>
> 配備精良的普魯士軍隊的砲彈，像長了眼睛似的不時在法軍人群中開花。而法軍卻只有粗糙的步槍，而且抵抗毫無生氣，子彈不是「啞火」，就是最多也只能飛出 100 公尺就跌落塵埃，傷不了敵人的分毫。大批的士兵慘死在普軍的刀槍下，老百姓在哀怨和流血中忍受。

莫泊桑氣得直打哆嗦。他並不怕死，但是這樣毫無還手之力地死去，實在太可悲了。他恨透了那些把自己的士兵置於如此狼狽境地的當權者。

親身經歷普法戰爭

莫泊桑日夜兼程，徒步奔走 60 英里，一路上，他險些被神出鬼沒的敵軍士兵俘虜。總算到了勒阿弗爾，把公函送到了參謀部。他這才拖著疲憊的身子，找到一所被人遺棄的半毀的倉房，稍事休息。

莫泊桑想到，母親一定在為他的生命擔憂，必須馬上寫一封「平安」家書。於是他強打精神提筆向母親報告：

> 我和我們潰退的軍隊一起逃了出來。若不是生著兩條飛毛腿，我
> 就被俘了。

戰爭全局的事態發展也證明，莫泊桑對戰爭前途的估計，實在是一種幻想。

9 月 2 日，被圍在色當的法國軍隊投降了，連拿破崙三世也成了普魯士人的俘虜。

色當投降的消息傳到巴黎，憤怒的人民於 9 月 4 日起義推翻了第二帝國政府，宣布成立共和國。

可是，資產階級代表攫取大權，組成了所謂國防政府。這，「國防」政府並不認真進行國防。9 月 18 日，普魯士人占領了巴黎西南的凡爾賽，並且很快就完成了對整個巴黎的包圍。從這天起，巴黎就處於敵人的炮火之下。

當拿破崙三世神氣十足地向普魯士宣戰時，莫泊桑像許多法國人一樣，對此甚為反感。他曾對巴黎街頭那些高喊「打到柏林去」的戰爭狂熱者嗤之以鼻。

可是，一個多月來，形勢發生了多大的變化啊！現在的問題是：普魯士軍隊的鐵蹄正踩躪法蘭西的大片領土，數百萬法國人

正身受水深火熱之災。

莫泊桑畢竟是一個法國人，面對普魯士的鐵蹄和蹂躪，他年輕的胸中燃燒起對國家的熱愛和對深入國土的侵略者仇恨的火焰。當整個諾曼第迅速淪陷之際，莫泊桑既無可奈何，也不甘做降兵。

9月下旬，普魯士的大軍正向巴黎推進。

這時，莫泊桑還幻想法國政府會使戰爭出現轉機，又千里迢迢從勒阿弗爾趕到巴黎，駐守在東郊的萬森要塞，渴望在保衛國家心臟的戰鬥中盡一個子民的神聖職責，哪怕喋血沙場。

莫泊桑在農民家過了一夜，然後往巴黎的路上而去。郊外的道路到處都是殘兵和市民，城市也充滿著有篷無篷的馬車、馬匹和馬糧，牛群羊群則圍在樹陰下的柵欄內。

莫泊桑來到皇后路。數週前，這裡還是富貴顯要、輕佻的妓女和酒醉的渾蛋們的彙集地，如今卻是死寂一片。皇后路盡頭築起要塞，現在已經成為巴黎的邊境了。

居斯塔夫得知莫泊桑回到巴黎，很為兒子擔心：「你在諾曼第不是領教過普魯士人的厲害嗎？為什麼又不顧死活地跑回這裡來？」

莫泊桑則乾脆地回答父親說：「諾曼第並沒有發生過真正的戰爭，那裡不需要我。而這裡將會有一場惡戰。」

居斯塔夫建議兒子：「普魯士人進攻巴黎，你這裡首當其衝。我還是幫你調到巴黎市內的後勤部門工作吧！」

莫泊桑悲壯地回答：「沒人作戰，後勤工作還有何用？！」

父親叮囑道：「那麼，普魯士人的炮火不停，你可千萬不要走出工事。」

莫泊桑覺得父親的叮囑實在可笑，便說：「如果只考慮個人的生命，我最好去要求去把守一個下水道出口！」

可惜的是，法國政府沒有給莫泊桑及全體法國人民一個圓夢的機會，10 月 27 日，巴贊元帥竟率兵 17.3 萬人向普軍投降，以便保存實力，鎮壓武裝的工人。莫泊桑關於政府軍在巴黎決一死戰而贏得勝利的幻想徹底破滅了。

戰爭後期不屈抗爭

接下來數月之間，是超乎人們想像的攻擊戰。

這對莫泊桑來說又是事與願違。為了保衛首都，巴黎工人紛紛武裝起來，資產階級的「國防」政府卻感到這是對本階級統治的莫大威脅，千方百計阻撓。

正如馬克思所說：

在民族利益與階級利益兩者發生矛盾的時候，它沒有片刻猶豫便把自己變成了賣國政府。

12月10日，莫泊桑又使用了在伊弗托神學院時經常假裝頭痛生病的手段，終於獲准回鄉探親。在小城埃特爾塔，他深受下層階級人民面對強敵同仇敵愾的愛國情緒的感染，重又熱血沸騰。

埃特爾塔這時雖已淪陷。但是這裡的居民絕大多數是漁民和水手，這些皮膚黝黑、滿手老繭的下等人，對入侵者可不像貴族資產者那樣溫文爾雅。因此，在他們的頑強抵抗下，入侵者通常都嚇得龜縮在郊外的軍營裡。

可是，就在莫泊桑回來後不久的一天，一個全副武裝的普魯士軍官斗膽獨自闖進城來，在街道上肆無忌憚地閒逛。這可氣壞了埃特爾塔的百姓。而尤其令人不能容忍的是，竟然有幾個埃特爾塔的上層人物不以為恥地與這個入侵者攀談。

戰爭後期不屈抗爭

莫泊桑和好幾個漁民、水手立刻去找市長馬丹‧瓦提奈爾，對此表示抗議。

頭戴紅色軟帽、足蹬長筒皮靴的瓦提奈爾市長一下子就從人群中認出莫泊桑來，他驚喜地說：「啊，您不是莫泊桑先生嗎？」

等聽明白莫泊桑他們的來意後，瓦提奈爾又無奈地說：「諸位的愛國感情雖然令人敬佩，但是，如果要人們不與德國人講話，當初就不該把德國人放過邊境來。既然事已如此，倒還是不要惹惱德國人為好，盡量少惹些麻煩吧！」

瓦提奈爾先生也是靠海吃飯的，不同的是他有幾艘船，屬於有產階級。他這番話正是代表了有產者的普遍見解。在這國難當頭的時刻，與無產者相比，在有產者的良心天平上，「私」字一頭重些。這原也是正常的，所以瓦提奈爾先生說得那樣理直氣壯。

莫泊桑氣得漲紅了臉，一時不知如何駁斥對方才好，只是用力地咬著嘴唇。

但莫泊桑嚥不下這口氣。第二天天不亮，他就抄起自己心愛的勒福舍獵槍，同幾個前一天也曾參加抗議行動的硬漢子一起去了郊外的樹林。

當時，勒福舍獵槍已經成為游擊戰士得心應手的武器。可以設想，如果莫泊桑手持這種獵槍在林中被敵人的巡邏隊發現，衝突就在所難免了，他將會面臨很大的危險。

但莫泊桑一心只想著懲罰在法蘭西國土上耀武揚威的入侵

者，早已把自己的生命安危置之度外。

雪後的林中，一片寂寥，看不到人影，連飛鳥也少，只有一片片積雪偶爾從枝頭落下，撒下一道道矇矓的白霧。莫泊桑在積雪掩蓋了小徑的林中步履艱難地東奔西突，只有偶爾傳來零星的槍聲，他才停步傾聽。

「這是哪裡傳來的槍聲？是某個孤膽的游擊戰士在狙擊敵軍？還是敵人處決了一名同胞？」他尋思著，不得其果，便又開始尋找自己的目標。

一個小時又一個小時過去了，已過中午，也沒有看到一個人影。他又飢又寒。

突然，遠處傳來有人笨重地踏在雪地上的「噗噗」聲。

一個同伴拉響槍栓，大聲喝問道：「什麼人？再不出來開槍了！」

莫泊桑目光敏銳，他連忙制止住這個同伴：「別開槍，好像是個女人！」

那同伴又喊道：「馬上走過來！」

一個婦女撥開樹枝，腳步蹣跚，吃力地踏著積雪走過來。

原來是位老婦人，她說：「這麼說，現在人們都是這樣迎接自己人的嘍！」

莫泊桑驚叫一聲：「我的天哪，是約瑟芬！」他這才認出，來者是自己家的老女僕。

是約琴芬把莫泊桑從小帶大的，她責備道：「你以為找到你容易嗎，簡直就是大海撈針！我四處找你，都有兩個多鐘頭啦。

69

戰爭後期不屈抗爭

謝天謝地，終於還是找到你啦，我的居伊！我說，你能不能把我的籃子接過去呀，重死了！這裡面的東西都是給你的，烤雞、火腿、烤羊腿，我連你愛吃的辣芥末也帶來了！」

莫泊桑心頭一熱，禁不住熱淚滾滾而下。這熱淚滿含著對親人的感激，也滿含著一個無能為力的戰士的羞愧。

更令莫泊桑憤慨的是，「國防」政府為了解除巴黎的工人武裝，鎮壓愛國人民，加快了賣國投降的步伐。

到了 1 月 26 日星期四，巴黎被包圍後第 130 天，普魯士的炮聲終於沉寂下來。人們跑出了街道，群眾之中波浪般喊出一個聲音：「投降了！投降了！一切都完了！」

1 月 28 日，「國防」政府與普魯士簽訂停戰協定，答應解散正規軍，繳付兩億法郎賠款。

2 月 26 日，梯也爾在凡爾賽和普魯士簽訂了和約草案，答應繳付 50 億法郎賠款，並將阿爾薩斯全省和洛林省的一部分割讓給普魯士。普法戰爭以法國的喪權辱國結束了。

莫泊桑就這樣匆匆地經歷了普法戰爭的漩渦。嚴格地說，他還沒有進行過與敵人的正面交鋒，戰爭就結束了。他既未親手殺傷過一個普魯士人，自己的身上也未留下普魯士人的彈痕。

但這並不妨礙莫泊桑深刻地體察和認識這場戰爭。他後來憎惡地感嘆道：

戰爭，我們看見過戰爭。我們看見人類重新又變得粗野、瘋狂，為了取樂、出於恐懼、為了逞兇、為了自我炫耀而殺人。於是權利不復存在，法律已經死亡，正義的概念消失淨盡。我們看見槍

殺路上抓到的無辜者，這些人之所以可疑，只因他們害怕。

我們看見為了試試新手槍而槍殺拴在主人門前的狗。我們看見為了取樂而掃射臥在田野裡的母牛，而這樣做是毫無緣由的，僅僅為了開槍而開槍。

這主要指的是外強中乾的法國軍人。

莫泊桑也毫不留情地譴責侵略者：

進入一個國家，屠殺保衛自己家園的人，燒燬沒有麵包的可憐住房，砸毀或盜走家具，喝光地窖中找到的酒，姦淫街道上找到的婦女，把數百萬法郎焚為灰燼，只在身後留下苦難和瘟疫。

有位歷史學家嚴正地指出：

在這次普法戰爭中，在備受侵凌的法國一方，發起抵抗的不是司令部而是人民。

最令莫泊桑永誌不忘的，正是他耳聞目睹的許多普通法國人奮勇抗敵的英雄事跡。

在諾曼第北部的一個農村裡，一位忠厚的老農被普軍處死了。這個老農本來代表本村負責安置普軍的工作，待他們十分殷勤，深得信任。誰知他每到夜間就化裝成普軍騎兵，趁普軍不備而突然襲擊之，每夜必殺幾個敵人。只是由於他在最後一次襲擊中，臉上被砍了一刀，這才暴露真情。

一個 50 多歲性格倔彊的法國農婦，家裡住著幾個普軍士兵，他們視她如孝子，她也待他們似親人。可是一天，她接到來信，說她參軍作戰的兒子被普魯士的砲彈炸成了兩段。為了替兒子報

仇，當晚，她就巧設計謀，把幾個普軍士兵活活燒死在閣樓中。

在魯昂附近的一個城堡裡，一群普魯士軍官為了一逞獸慾，找來幾個法國妓女。這些操皮肉生意的下賤女子可以用肉體侍奉敵人，卻不能容忍他們侮辱自己的祖國。其中一個妓女出其不意，刺殺一名大放厥詞的敵軍官，然後逃進一座教堂的鐘樓，一直躲藏到普軍撤離法國。

普法戰爭是日後莫泊桑在小說中著力開掘的一個重要題材。在他的筆下，有揭露法軍腐敗無能和普軍慘無人道的力透紙背的佳品，更有謳歌人民抗敵，膾炙人口的華章。

用文學來記錄戰爭

普法戰爭，那只是歷史短短的一瞬，可它卻給莫泊桑的生活和創作打下了深深的烙印。他痛恨戰爭，痛恨戰爭給人民帶來的災難，他用自己的筆表達了對戰爭的理解與評估。法國人民在戰爭中表現出的英雄行為和愛國熱忱他永誌不忘。

其中，普法戰爭給莫泊桑的「戰爭恩惠」，就是兩部力作《米龍老爹》和《兩個朋友》。

普法戰爭爆發，法國領土大部分處在普魯士軍隊的鐵蹄之下，面對普軍的蹂躪，上層統治階級或通敵媚外，或苟且偷生；而廣大下層人民卻站出來與侵略者進行殊死抗爭，表現了可歌可泣的愛國主義精神。有感於此，莫泊桑滿懷激情地寫下了許多謳歌下層人民英勇殺敵的短篇小說，《米龍老爹》即是其中的一篇。

在《米龍老爹》裡，莫泊桑描述了一個普通法國農民孤膽殺敵的故事，成功地塑造了米龍老爹的愛國者形象。

小說是寫兒子對父親的回憶，採取倒敘的形式。

小說的開始是引題寫現實場景。作者先描寫了一幅法國諾曼第田園風光，由遠及近地推出了一派農家樂的場景。

接著寫主人在午餐時面對著葡萄藤，觸景生情，想起了自己的父親 —— 當年在這塊土地上犧牲的米龍老爹。

其文字看似閒筆，其實內在的意義十分豐富。他將現實和平安樂的生活和淪陷時代腥風血雨的年月作了對比，暗寓著倖存者和後代對壯烈犧牲的米龍老爹的懷念之情。

用文學來記錄戰爭

接下來，筆墨追憶到往昔，寫普魯士侵略者對米龍老爹由誇獎、信任到懷疑，再到逮捕、審問的發展過程，和米龍老爹對自己的所作所為供認不諱。普軍占領這塊土地後，受到了米龍老爹的殷勤的款待和安置，致使他們對米龍老爹「除了誇獎之外真沒有一句閒話」，但不久十多名普魯士騎兵相繼失蹤和斃命，侵略者開始對每一個法蘭西人心存戒備。

米龍老爹終因臉上出現刀痕而被逮捕。普軍團長親自審問米龍老爹，初看起來不過是想從這老農夫這裡找到破案的線索，抓到兇手，沒料想到這個一直殷勤款待他們的矮瘦的老人竟一口承認自己就是謀殺掉大量普軍的人，只是最後一次失手，臉上被砍傷才使他被逮捕。

而莫泊桑接下來描述的是米龍老爹的口供，寫他復仇的心態和他斃殺普魯士騎兵的經過。著重寫他第一次得手的細節和最後一次的不幸敗露。普軍做夢也沒有料到，就是這樣一個外表愚鈍的鄉下老頭，竟先後殺死了 16 個普軍騎兵。這一部分著力刻劃老人的勇敢和機智。

莫泊桑在《米龍老爹》中，成功地塑造了法國農民米龍老爹的英雄形象。他把老人的性格特徵概括為三個方面：

> 首先，愛國主義的復仇思想。普魯士軍隊侵占了米龍老爹的田莊，搶劫了他的草料與牛羊，他決心要向侵略者討回來；同時普軍以前殺了他的爹，現在又殺了他的小兒子，他與普軍有三代人的冤仇。因此，強烈的復仇思想充溢了他的心靈。

米龍老爹本來是一個安分守己的農民，但侵略者的霸道與殘

酷使他忍無可忍，於是採取了以命抵命的復仇行動。

其次，是老人機智、勇敢的品格。米龍老爹的機智表現在對敵人的憎恨不露聲色，平日裡他竭力款待他們，對敵人「始終是殷勤的」，換得敵人對他的信任；在復仇中，他以計取勝，以偽裝的形式誘騙敵人，從而將其殺死。米龍老爹的勇敢表現在孤膽殺敵，他已是 68 歲的老人，卻敢於跟全副武裝的敵人搏鬥。

最後，也是最重要的，是他那種視死如歸、大義凜然的精神。他被捕後神色安詳、毫無懼色，當敵軍團長提出留他性命的條件時，他「絕不細聽」，向敵人劈面吐了一口唾沫。

在臨刑時，他「始終安閒自在」，並向兒孫「送了一陣微笑」。這種視死如歸、大義凜然的精神，表現了「可殺不可辱」的氣節。

《兩個朋友》也是莫泊桑的優秀作品之一，講述了法國被圍時期，兩個平民百姓出城釣魚，被普魯士人捉住，逼迫他們說出進城的口令。兩個人頂住了一切威逼利誘，最後被殺。

小說主角莫里索先生和索瓦什先生曾是最普通不過的法國人，他們也曾經擁有愜意的生活。在小說的最後，兩位朋友依偎在血泊中，在槍聲下從容而光彩地走了。

莫泊桑既是戰爭中的普通一兵，又是記錄戰爭的行家。莫泊桑不會忘記，在這場戰爭中法國人民付出了高昂的代價。

是他創作了可歌可泣的英雄形象；是他深刻地反映了普法戰爭給人民帶來的深重災難；是他控訴了普魯士的侵略罪行；是他真實地表現了戰爭中法國人民同仇敵愾的精神和愛國熱情。

脫掉軍裝初入職場

巴黎人民於 1871 年 3 月 18 日揭竿而起，舉行了巴黎公社革命；經過 72 天可歌可泣的抗爭，寫下了法國歷史上最壯麗的一章。

法國資產階級政府在戰爭中的軟弱和無能，給莫泊桑留下了深刻的印象。他看透了政府的「作為」和空虛，他再也不願意欺騙自己，再也不想成為喋血沙場的英雄了。

在整個公社革命期間，巴黎沒留下莫泊桑的絲毫蹤跡。他這一時期一直待在埃特爾塔，多次出現在女歌唱家德拉格利埃爾夫人身旁。

不過，巴黎公社和凡爾賽資產階級政權之間的大規模流血的階級搏鬥，牽動了所有法國人的心。莫泊桑對此也深感痛心，他要回家，他要擺脫噩夢般的軍旅生活。

1871 年 7 月，莫泊桑又回到巴黎。軍隊在普法戰爭中的無能早已令他痛心疾首；軍隊在鎮壓巴黎公社時表現的兇殘，更使莫泊桑深感厭惡。按照即將通過的新兵役法，他還得再去砲兵部隊服役 7 年，他再也無法忍受。

於是，莫泊桑在 7 月 30 日寫信給父親，大聲疾呼：

> 如果過 3 個月才能找到頂替的人，我就砸鍋了。因為，要是新兵役法在這 3 個月之內就通過，我就得進第二十一砲兵團當普通士兵，那將比在後勤處還糟糕。

謝天謝地，居斯塔夫終於在 9 月裡為兒子找到了頂替的人。莫泊桑終於在 11 月脫掉了那身使他窒息的軍裝。

　　1871 年 12 月微弱的陽光下，莫泊桑正漫步在埃特爾塔海濱。自從復員以來，他一直無所事事。這天，莫泊桑一回到家裡，剛和母親打了個招呼，就看到父親走了出來。他心裡略感不快。

　　居斯塔夫上前握著兒子的手，「好久不見了，居伊，你還好嗎？」他那短短的脖子在領口一伸一縮，有些急躁不安。父母立刻就走進後面的小客廳去了。莫泊桑心裡還充滿著小時候的陰影，那種打擊對他太大了。

　　這時，弟弟艾爾維走過來問道：「哥哥，怎麼了？」

　　「沒什麼。爸爸回來了。」

　　「我早就知道了。」

　　門一開，洛爾走了出來，向莫泊桑招招手，「居伊，你過來。」

　　莫泊桑走進小客廳，父親正背朝著他，面向窗外眺望著。

　　洛爾對兒子說：「我希望你聽聽父親所說的。居斯塔夫，你自己給兒子說吧！」

　　居斯塔夫回過頭來，手摸鬍鬚望著莫泊桑說：「你退伍以後立刻面臨前途的選擇。你雖然領了法學院第二年度的註冊證，但現在你祖父已經破產。就是說，你每個月的生活費必須減少。我每月只能給你 100 法郎生活費。」

　　莫泊桑吃了一驚：「會有這麼嚴重嗎？」

居斯塔夫擺了擺手，繼續說：「祖父的地皮和其他財產都必須賣掉，因此爸爸現在也等於沒有了收入。僅剩的一點財產也寥寥無幾。」

莫泊桑認識到了問題的嚴重性，問：「完全沒有辦法了？」

居斯塔夫絕望地說：「沒有！」然後他習慣性地來回走了幾步，又說：「我已經 50 歲了，但為了生計，也非得考慮找個工作不行了。」

一向過著花天酒地生活的居斯塔夫，除了畫幾筆畫，寫幾首小詩，他還從未做過其他工作呢！

洛爾這時插嘴說：「居伊，我只擔心你不能繼續學習法律了，希望不要中途輟學。但說老實話，我們恐怕已經無能為力了。」

莫泊桑意識到：這 100 法郎將是他全部的經濟來源。靠這些錢，他每頓午餐只能吃一盤葷菜，而平日他至少要吃兩盤。溫飽尚難保證，更談不上娛樂和交際！迫於生計，他必須謀個職業。

這時父親又說：「為了你，我已經請一些老朋友幫忙，在活動海軍部糧食調查局的差事，我想不久就會有結果的。」

莫泊桑看著父親在炫耀，就不耐煩地回答：「是嗎？那太謝謝啦！」

說實話，他心裡並不喜歡，無論是海軍部或其他官場。他認為，官場是在破壞階級和法規的兩個大石之間粉碎希望、想像力、自由和個性的巨大石臼。等爬到次長位置上，人也已經老得什麼也做不了了；等熬到部長，那就快走到生命的盡頭了。

居斯塔夫對兒子說：「希望你能理解，這是個非常好的機會。」

「好吧，爸爸。」

父親又嘆息一聲說：「當然，見習的時候沒有薪水，但重要的是打基礎。不久大概就會有津貼了。當前我每個月只能給你這些，說不定有時還會不及時，所以……」

「我明白，爸爸。」

洛爾這時也勸道：「居伊，我聽說那裡的公務不太繁重，可以擠出些時間來學習和寫作。此外，位於國王街的海軍部，離我們蒙賽街的住處很近，步行只需 20 分鐘。」

「我知道了，媽媽。我會去做的。」

大家喝了一會茶，洛爾又把居斯塔夫叫到另一邊聊了 20 多分鐘，然後他就走了。

晚飯後，洛爾對莫泊桑說：「居伊，你爸爸其實也夠可憐的了。如果他懂得處世之道，一定很有成就。剩下的那一點點收入，一定已經變成那些女人的了。巴黎被圍困當中，他還在努力尋找她們呢！剛才他說，他好像要到什麼貿易公司去做出納。」

3 月 20 日，莫泊桑走進海軍部辦公大樓，開始了小職員生涯。不過，海軍部人員早已大大超編，他只能一邊義務工作，一邊等待補缺轉正。莫泊桑的職員生活就這樣開始了。

與同辦公室的那些老公務員們不同，年輕的莫泊桑顯得體魄健壯。他皮膚略帶田野上風吹日晒的痕跡，說話猶有諾曼第的鄉音。他注意修飾，兩端略微捲翹的上髭修剪得十分整齊，西裝也

總熨得筆挺。

　　早上，莫泊桑穿過海軍部的院子，登上梯子，經過長廊，進入辦公室，把帽子掛在帽架上。

　　「你好，居伊。」

　　「你好，巴斯。」

　　「嘿，居伊，早！」

　　「早，菲斯達！」

　　早晨，一進辦公室，相互間先是一陣乾巴巴的問候。

　　「今天天氣怎樣，居伊？」

　　「還可以，很暖和，巴特維亞。」

　　莫泊桑換上西裝，從抽屜裡拿出一沓文書放在桌上，然後走到隔壁的房間。這裡也是幽暗的，只是有一扇玻璃窗，雖然落滿了灰塵，但正對著院子，能夠透進一些光線。靠牆是裝滿文書的櫃子。海軍部的桌椅多年來已經被磨得又光又滑了。

　　「公文多嗎，居伊？」

　　「差不多，巴斯。」

　　接著是一番千篇一律的寒暄。

　　收發員已將待辦的公文分堆在每人的案頭。莫泊桑回到座位上。大家把公文攤開，眼睛盯在公文上，但注意力卻集中在辦公室的入口。

　　門開了，科長推門進來。大家一齊起立說：「您好，科長先生！」

　　科長微鞠一躬：「諸位早安！」然後，他神氣地穿過房間而去。

片刻之後，處長推門進來，大家再次起立，「您好，處長先生！」

處長微微點頭：「大家早安。」

處長同樣流露著威嚴的目光走過去。

再過片刻，同事把門打開，司長走進來。

大家又連忙起立，提高嗓門，就像朗誦一樣節奏分明地喊道：「你好，司長先生！」

司長鼻子裡發出一聲「嗯」，然後帶著冷冷的微笑，昂首挺胸走過。

大家這才安下心來辦公。只聽見寫字聲「唰，唰，唰」，掀紙聲「嘩，嘩，嘩」。

科長大人坐鎮在大辦公室裡，不時抬起那雙審察的眼睛，透過夾鼻近視眼鏡巡視一周。在 7 小時的上班時間裡，這幫小職員，不要說偷閒，即使全部公文辦完了，也要找點事來做，做出一副忙得不可開交的樣子。

直到下班的鈴聲響了，強打精神向司長、處長、科長先後三呼「再見」之後，他們才能伸一伸痠痛的腰，拖著沉重的雙腿，蹣跚離去。

排遣乏味枯燥生活

　　就這樣，莫泊桑開始了在海軍部糧食調查局的工作。早在他進來之前，海軍部的日子就是這樣，而且這種日子可能將繼續到世界末日。慣例成為永久不變的規則，在這種令人窒息的氣氛中，歲月偷偷溜走。

　　本來，莫泊桑是為了逃避飢餓的痛苦才當小職員的，但因此卻為自己招來了失去自由的更大痛苦。文牘工作是這樣枯燥難耐，辦公室又只有朝院子的一面開有窗戶，那院子狹小得很，從窗口向外望去，只能看到「一秒鐘的飛燕」。

　　文牘工作沒有一點生氣和自由，一成不變的工作節奏，消耗著人的銳氣，困頓著人的身體。不難想像，這種生活會使剛剛 22 歲、精神飽滿的「脫韁的小馬」何等煩悶。難怪莫泊桑在給母親、給福樓拜、給朋友們的信中經常叫苦連天。

　　今天白天對我來說簡直長得沒完沒了，肯定比我剛剛在埃特爾塔度過的兩週還要長。我是 12 時 30 分上班的，現在才 16 時，我卻彷彿在這裡至少關了 10 個鐘頭了。

　　海軍部正在一點一點把我毀掉。每天 7 個小時的枯燥工作完了以後，簡直把我搞得暈頭轉向，我沒辦法消除那使我精神痛苦不堪的勞頓。我想寫點專欄文章給《高盧人報》，賺點錢。可是辦不到，一行字也寫不出來。我真想趴在稿紙上大哭一場。

　　這裡是使人類變成化石的地方。從 22 歲進來，到 60 歲時裝

著假牙，患著坐骨神經痛，一隻腳已踩入墓穴。而在這當中的漫長歲月裡，只遇見結婚、生第一個孩子和父母死亡 4 件事而已。除升官以外，任何事都不會發生。

不過，莫泊桑的職員生涯總還算順利，從部直機關到殖民地司、給養司、人事司。隨著工作的變動，他的境況也不斷小有改善：1872 年 10 月，他成為編外科員，月薪 125 法郎，每年還有 150 法郎的獎金；1874 年 3 月，他轉為四等正式科員，同時提薪一次；1877 年，他再晉一級。可見他尚能應付差事。

除了一年的行伍生活，莫泊桑一生中唯一的固定職業就是職員。世界上恐怕沒有哪一位作家比他更深切地體察過小職員生涯給人的磨難了。他最了解那形式簡單、機械、內容重複乏味、節奏一成不變的伏案工作是何等麻木人的意志，消耗人的銳氣，困頓人的機體。他把國王街的海軍部機關大樓形象地稱做「辦公牢房」、「由苦役犯划動的『樓船』」，還說小職員走進這機關大樓，就像「罪人前來投案自首」。他感慨萬千地寫道：

「人們 20 歲時第一次走進這樓船，一直待到 60 歲或者更老，在這漫長的時間裡，不會有任何事情發生，整個生命都是在同一間糊著藍色壁紙的狹窄而陰暗的辦公室裡度過的。
他們年輕時走進那裡，滿懷熱切的希望，年老時從那裡走出，已行將就木。在每天都要為生活而苦鬥的各個階層、各類勞動者、各種人中，職員是最可悲、最不幸的。」

正是基於這種切身經驗，莫泊桑才得以在日後寫出一大批反映小職員生活的精彩作品。

排遣乏味枯燥生活

調劑海軍部單調而漫長的時間的，是千變萬化、可愛而又散出臭味的塞納河。莫泊桑以十分的熱情愛著塞納河，這條河使他感到自己活著。這條河給他勇氣、年輕和精神上的自由。

在上班時間，莫泊桑是個無精打采的公務員，而在工作之餘，他卻精神十足。在海邊長大的莫泊桑，像魚兒一樣離不開水。在巴黎西郊塞納河河套地帶划船，成了吸引他整個身心的「唯一的、巨大的愛好」。

每星期六傍晚，當海軍部的鐘敲響 6 下時，莫泊桑就迫不及待地奔下梯子，回到他在蒙賽街的住所，幾分鐘後從那裡出來時，已判若兩人。整齊雅緻的西服換成了輕軟鮮豔的便服，步履輕快得彷彿去赴情人的約會。

他急匆匆趕到羅懷耶街，去找在魯昂中學時的老朋友羅貝爾。在莫泊桑剛剛進入海軍部不久，他們就重逢了。

莫泊桑見到老朋友，就興奮地叫道：「喂，羅貝爾，我想到柯紐老漢那裡去。他答應過給我們一艘船，我們去看看還能不能用了。」

「好啊，那我們就可以到小島上去探險了！」

「那當然。」

於是，兩個人興奮地穿過街道上的人群，匆匆地奔向離住處不遠的聖拉薩爾車站，去搭乘 6 時 20 分開往阿爾讓特伊的火車，到哥隆布下車，然後再徒步走到馬朗特島。

一邊走著，莫泊桑一邊說：「羅貝爾，老是借華涅老頭的舊船用，也真是沒意思，是吧？」

羅貝爾說：「確實。」

「那我們買下亨利那艘小船怎麼樣？昨天看了一下，很不錯。」

「去哪弄錢來？」

「我也在想。不過，亨利會讓我們先欠著，而且雷昂和湯姆大概也會入夥。」

「那就太好了。居伊，如果我們有了自己的船⋯⋯」

莫泊桑和羅貝爾把這班火車稱為「公務員火車」，因為它又長又慢，在郊外每一站都要停一下，又擠進一些因要放下穿著不合身的褲子、或因運動不足而大腹便便的那些男人。

坐在這班車上，莫泊桑又會想起辦公室、文書櫃和積滿的塵埃。

火車慢慢地爬著，好不容易才抵達塞納河畔郊外的小村亞江多威。他們兩人剛剛走下火車，就看到 3 個精神旺盛的年輕人兩隻手臂支在柵欄上，向他們打著招呼：「嗨，歡迎你們。時間差不多了！」

「你們就不能早點？以為整個晚上都是我們的嗎？」

莫泊桑和羅貝爾縱身躍過柵欄，親熱地和看門的人打了個手勢，就挽著那幾個朋友走遠了。那 3 個青年是禮拜天在亞江多威結識的划船愛好者，他們一見如故。

一邊走著，羅貝爾就說：「居伊想買下亨利的小船。」

那 3 個朋友齊聲反對：「不行，他說要 30,000 法郎呢！你是不是在海軍部憋瘋了？那不如乾脆買艘汽輪好了。」

排遣乏味枯燥生活

莫泊桑生氣地叫道：「閉嘴！你們以為亨利隨時都會借給我們船嗎？要不是我，人家還不願意賣呢。」

又有人叫道：「我今晚只想去喝酒。」

馬上有人附和：「是啊，亨利一定是在桑波傑的店裡，到那就能遇到他。」

於是，他們走到塞納河畔，踏上拖船道。那裡有兩三家為禮拜天的遊客而設立的廉價餐館，門面上都掛著招牌，上寫：結婚會場、宴會場、社交室、酒吧及其他。

塞納河裡浮著各種形狀的船隻。

農民們那紅瓦屋頂的寒酸房屋從河邊一面延伸而去。他們狹窄的耕地，就在河畔工廠的後面。

莫泊桑和4個朋友來到河邊一個叫做「布基馬特洛」的旅館兼酒吧。這是有錢人不會來的地方，但是，辛苦的船主、粗魯的水手、妓女、流浪者、碼頭工人、女工等卻都集聚到這裡，熱鬧非凡。

他們剛一走進去，吵嚷聲立刻就充塞了耳膜。莫泊桑心裡嘆息道：「這就是人生百態！」

他們看了一圈，亨利並不在這裡，莫泊桑說：「我們走吧，亨利這傢伙可能又去試驗他的船了。」

他們不顧那些女郎的糾纏，沒有結帳就走了出來。

莫泊桑他們5人來到河邊找到亨利，把船划入河中，一會瘋狂地划著槳，一下又讓船隨波逐流，或逆流而上，或跳入水中游泳，在草地和泥巴中吶喊、狂奔，肆意地揮灑著青春，消磨多餘

的精力。就這樣，他們一直瘋到深夜。

莫泊桑說著海軍部這個養著懶散動物的「公園」裡的種種滑稽事，把大家逗得笑出了眼淚。他們高聲唱著粗俗下流的歌。

最後大家商定，如果亨利同意讓他們在一年內分期付款，那就合夥買下這艘船。

亨利提出他的疑問：「但是，居伊，如果在該付款的日子你們卻拿不出錢來呢？」

雷昂說：「你還信不過我們！」

湯姆也強調說：「放心吧，少不了你的錢。不信你去問桑波傑，讓他說我們是什麼人。」

莫泊桑笑著說：「最好還是去問桑波傑的太太。」

大家都大聲笑了起來。因為桑波傑老闆有張甜嘴巴，最會奉承客人。

亨利妥協了：「那好吧。不過，在所有款項付清之前，就算你們把船搞壞了，也分文不少付給我。」

幾個人都有些生氣：「我們怎麼會搞壞自己的船呢？」

「好，就這麼說定了，成交！」

大家都高興起來。他們把亨利抬到布基馬特洛酒吧，把亨利放在椅子上，又把椅子抬到桌子上，大聲喊道：「桑波傑，酒！」

大家喝著酒，接著興奮地議論。

「我們必須給船取個好名字。」

「對。」

排遣乏味枯燥生活

　　他們回頭一看，坐在另外一張桌子上的是四五個畫家，莫泊桑對著印象派代表人物西斯雷說：「喂，西斯雷，我們買了一艘新船，替我們取個名字怎樣？」

　　西斯雷說：「就叫『如意女郎號』。」

　　莫泊桑不同意：「不行，我們又不打算在船底開洞。」

　　大家都笑起來。

　　又有人說：「那叫『郊外之燕號』，如何？這首歌當下最流行了。」

　　人們一起起鬨反對。

　　莫泊桑伸手平息了大家的吵嚷說：「我看就叫『樹葉號』吧。」

　　大家齊聲喝彩：「好！」、「不錯！」

　　莫泊桑用力敲打著桌子：「諸位安靜些，我提議，為了這個值得紀念的時刻，我們一起來為新誕生的『樹葉號』乾杯！」

　　有人跟著高叫：「還有船員們。」

　　於是大家一起舉杯祝賀：「為『樹葉號』乾杯！」

冗員生活放蕩不羈

塞納河是那麼美麗、靜謐，那麼富於變化！莫泊桑沿著開滿野花的河岸散步，躺在茂密的草地上沉入深遠的幻想，真如同置身夢境。那照亮了顫動著的流水的銀白色月光，那給綠茵和玫瑰突然染上新的生機的第一束朝陽，將永遠投射在莫泊桑記憶的螢幕上。

不息的流水帶走了巴黎的一切汙穢，也沖刷了莫泊桑這一週間在「辦公牢房」裡的全部積鬱。

莫泊桑在塞納河上度過的生活又是多麼瘋狂！他們湊錢買的「樹葉號」這艘船不算大，但船體沉重，莫泊桑能獨自輕鬆自如地駕馭它。他是划船的好手。

不久後，他和朋友們在馬朗特島上游不遠處阿爾讓特伊的「小水手」咖啡館租了一間頂樓，和一幫年輕人在那裡建立了一個群居營。阿爾讓特伊以產蘆筍著稱，這群居營就起名「蘆筍國」。莫泊桑成了「蘆筍國」的君主。

後來，莫泊桑和幾位夥伴又遷往下游的勃松，建立了一個以莫泊桑為主席的「克雷比特聯盟」。

莫泊桑在夥伴中享有如此的權威，是因為他具有令夥伴們欽佩的多方面的才能。他還是遠足的健將。

在不適合划船的季節，他便徒步旅行。

1875 年 9 月的一天，莫泊桑為了遊覽一個人跡罕至的山谷，竟然步行了 60 多英里！

冗員生活放蕩不羈

莫泊桑的勇武在夥伴中也是出名的。在「蘆笥國」，他每天清晨同一個叫布朗的夥伴練兩小時劍術，失敗的總是布朗。

有一次，他們幾個在薩特魯維爾划船，停船登上河岸時，見一個大力士正在擺擂臺，趾高氣揚，不可一世。莫泊桑撥開人群，上前較量，只幾個回合，就把那大力士摔倒了。

莫泊桑當時只有 20 多歲，但他與女人的交往，其實由來已久了。

早在他 17 歲時，他由於給與之關係曖昧的表姐寫了一首情詩而被神學院開除。在埃特爾塔時，少年莫泊桑與 14 歲的雅娜那樣的女孩「戀愛」，幾乎「攻無不克」。

在莫泊桑的許多作品中，我們都可以發現埃特爾塔海濱生活給他留下的美好記憶：

「第二天天剛亮，雅娜就起床了。

她等候父親，因為他穿著起來需要更多的時間。然後父女兩人踏著朝露，穿過田野，走進鳥聲啁啾的叢林。子爵和拉斯蒂克老爹已經都坐在拴船用的絞盤上了。

另外兩個船戶幫著把船拖進水裡去。他們用肩膀抵著船舷，使出全部力氣把船推出去。在海灘的砂石上要推動船身是十分費力的。拉斯蒂克用塗了油的圓木棍塞到船身底下，然後回到他原來的位置上，拉長嗓子，有節奏地喊出「嗨唷嗨」的聲音，使大家跟著他一起用力。

當船已推到斜灘上時，一下就輕鬆了。小船順著圓卵石滑下去，發出撕裂布匹似的響聲。船在激起泡沫的小浪花上停穩了，大家就都上了船，坐定在長板凳上。那兩個留在岸上的船戶便把船一

送，推向海面。

從海上吹來陣陣微風，使水面漾起片片漣漪。帆扯上了，略微鼓著；小船在微波上靜靜地滑行。

他們已遠離海灘。一眼望去，地平線上水天相連。靠陸地的一面，陡直高聳的峭壁在腳下的水面上投出一大片暗影，只有浴在陽光下的小片草坡在黑影上形成幾個缺口。

遠處，在他們身後，望得見棕色的帆船正在離開費岡白色的碼頭；往前看時，有一塊圓而帶孔的山岩，樣子非常奇特，就像一頭卻卻卻大象，把象鼻伸進水波中。這正是埃特爾塔的入口處。

海波的蕩漾使雅娜感覺有點眩暈，她一手攀船舷，目光眺望著遠方。」

這就是莫泊桑的長篇小說《一生》第三章，少女雅娜和未婚夫於連‧德‧拉馬爾子爵在雅娜之父德沃男爵陪同下，乘拉斯蒂克老爹的船前往埃特爾塔的一段。沒有對海上生活的諳熟和熱愛，是寫不出這種精妙之筆的。

只是在對來埃特爾塔渡假的巴黎女孩的追逐中，莫泊桑就不那麼稱心了。

一年夏天，埃特爾塔來了個叫法妮的巴黎女孩。這女孩不但美麗，而且笑得那麼開朗，身上還散發出異樣的香味，簡直令莫泊桑著迷。他寫了好多情詩給法妮，有的滿含著甜蜜的柔情，有的流露出失望的苦味。

莫泊桑終於鼓起勇氣約法妮幽會。到了約會的時間，法妮遲遲未來，他便找上門去，還離得很遠，他就聽到法妮在向別人大聲宣讀他寫給她的情詩！

冗員生活放蕩不羈

在塞納河上的划船愛好者中，莫泊桑最親密的夥伴有4個：兩個是魯昂中學時期的老友「高帽子」潘松和「藍矮子」封丹，另外兩個外號叫「蠻力」和「獨眼龍」。他們5人共同使用「樹葉號」，共同生活在一個群居營裡。

在這些放蕩不羈的年輕人眼中，船上有一個花枝招展的女人，不僅是一種裝飾，而且是一種興奮劑，能使他們快樂，令人陶醉，讓他們瘋狂。他們別出心裁地把這種女人稱為「舵手」。但適合這群「狂人五少爺」要求的「舵手」不多，他們幾乎每個週末都要另聘他人。

當然，也有例外。

一個星期六的傍晚，「獨眼龍」帶來一個外號叫「蒼蠅」的嬌小、活潑的女人。她不漂亮，但她什麼瘋狂的事都做得出，因此第一天就討得5個夥伴的喜歡。從此，「蒼蠅」每個週末都跟「樹葉號」在塞納河上游蕩。

3個月過去了，「蒼蠅」突然愁眉不展，原來她懷孕了。5個夥伴信誓旦旦，決定共同承擔起父親的責任。

不料有一次，船尚未緊靠河岸，「蒼蠅」就向岸邊跳去，落入水中。她雖免一死，胎兒卻因小產沒保住性命。

然而，這個荒唐透頂的故事，卻是莫泊桑自己當時生活側面的真實寫照。透過這段插曲，莫泊桑1870年代放浪形骸的生活略見一斑。莫泊桑日後從自己這段經歷中直接間接汲取了許多中短篇小說的素材。

法國資產階級的淫靡，在七月王朝時代就達到駭人聽聞的程度。

這享樂變成淫蕩的惡劣風氣，在第二帝國和第三共和國時愈演愈烈。

　　這種生活，一方面豐富了莫泊桑的生活，開闊了他的視野，為他日後的創作奠定了生活基礎；但另一方面，也使他養成了我行我素、追求個人享樂的壞毛病，並影響了他的一生。

工作之餘堅持文學

1870 年代，正是莫泊桑為在文學上成就一番事業而苦心磨礪的年代。這個過程對他來說是特別曲折而又艱難。

在海軍部的工作中，困擾莫泊桑的不僅是辦公室的勞頓，還有無可奈何的寂寞和閒適，然而莫泊桑卻滿懷信心。他的文學志向沒有片刻動搖，他的寫作練習沒有一日間斷。儘管海軍部的公務占去了他很多時間，可他還是能見縫插針。為了排遣多餘的時間和孤寂，莫泊桑在閒暇時間裡開始創作。

可這是不被允許的，他曾經因此多次被上司點名責備。

有一次，科長馮奇先生見莫泊桑低頭不語好半天，知道他又在寫東西，就十分不滿地對莫泊桑說：「您在做什麼，莫泊桑先生？我很少見您這樣積極過！莫泊桑先生，您是由國家付錢替國家辦事的。」

莫泊桑勉強辯解道：「但是，先生，我已經完成了自己的工作了。」

馮奇嚴肅地說：「在 7 小時的工作時間裡，我明確禁止您做公務以外的事。」

莫泊桑也略帶不滿地說：「可是，先生，我現在已經沒什麼事可做了。」

馮奇對他這種態度很生氣，他大聲說：「那就把我們 10 年的公函拿出來，讀一讀，這對您有好處。」

剛開始，莫泊桑還虛心接受上司的指教，認為他這是履行職責。但到後來，他發現上司們對人一套對自己又是一套，就在人前臉不變色心不跳地批評他人的時候，他們自己卻在做著更為惡劣的事。他們與女職員打情罵俏，甚至做下流的事，但回過頭來卻在職員面前裝正人君子。

　　莫泊桑一直痛恨這種陽奉陰違的人，覺得與他們相比，自己活得更坦率。所以，他也就不再理會馮奇先生的「諄諄教誨」了。

　　為了使自己的工作更出色，不讓上司挑出毛病，莫泊桑嚴格要求自己。

　　但是，馮奇先生仍然不放過他。在一次大會上，他避而不談莫泊桑辦公之辛勤、快捷，反而大加訓斥：「這裡我不得不談到莫泊桑先生。身為國家僱員，莫泊桑都做了些什麼？他在公事文件下面藏著稿紙，以辦公為幌子，一心營私，真是利慾熏心！」

　　馮奇先生或許認為僅僅從行政角度加以痛罵，不足以使這位部下「浪子回頭」，於是他以文學行家的口吻對莫泊桑大加諷刺：「那麼，再讓我們看一看莫泊桑先生的才能吧！他近來正忙於中、短篇小說的寫作，也許他還有寫長篇小說的雄心壯志。可是據我看來，他可能根本不了解什麼是小說。」

　　莫泊桑退伍以後，母親一直在為他的未來而操心。小兒子艾爾維喜歡種植花木蔬菜，願意待在鄉間做一個農民也倒罷了。但洛爾知道，居伊是在文學上懷有遠大志向的，他將如何實現自己的理想呢？

工作之餘堅持文學

1872 年 1 月 29 日，洛爾在給老友福樓拜的信中憂心忡忡地寫道：「居伊要找到適合於他的道路，也許就困難得多了。」

莫泊桑脫下軍裝以後，立刻恢復了因戰爭而中斷的對老師福樓拜的每週拜訪。雖然塞納河上的浪遊令他迷戀，然而福樓拜大師的吸引力勝過這一切。

福樓拜來巴黎，莫泊桑每星期日都是慕柳街 4 號的座上客。即使福樓拜住在克魯瓦塞特，莫泊桑也遠道趕去，幾乎一週都沒有爽約。好在海軍部職員乘火車只需打 1 ／ 4 票。

每當這時，福樓拜總是很開心，他拉著莫泊桑的手，「到這裡來。」說著就把他帶著窗前，一面點頭，一面細細地注視著莫泊桑的臉，眼中卻充滿了懷念的神情：「難得難得，不錯，你已經長得和已故的阿爾弗萊德一模一樣了。聽你母親說過了。」

兩家的世交且不說，單是大師的慈祥、睿智，門徒的聰慧、刻苦，就足以把這一老一小緊緊聯繫在一起了。

在慕柳街福樓拜家裡，他與往常一樣，穿著褐色便袍。在公園玩耍的孩子們的聲音，從窗口傳進來。

福樓拜問：「仍然還在上班吧？」

「是的，最近被任命為事務官，以後在海軍部印刷科。」

「知道了，知道了。」

莫泊桑補充道：「是內務部輔佐股長。」

福樓拜故意張大了嘴巴，露出高興或厭惡的神情：「真有意思。印在你的名片上好了。」

接著，他又故意莊重地問：「究竟是怎樣一種工作呢？」

莫泊桑沮喪地回答道：「那是糧食調查局的一個部門，我的工作大概是核對文書，檢查每天從國立印刷局送來的公文程式和印刷品，交給接受請求的各部門。其實，這種工作頂多只需要小學六年級的教育程度就可以勝任。」

福樓拜鼻子裡不屑地「哼」了一聲。

莫泊桑無奈地說：「而為了這責任重大的職務，我接受 1650 法郎的年薪。」

福樓拜冷笑著說：「那是你甘願固守清貧的生活嘍？」

兩個人相對無語，沉默了一會。

福樓拜再次打破沉寂：「可憐。我同情你，真的同情你。喏，坐下吧，要喝咖啡嗎？艾密爾，給我咖啡和香菸。」

為了尋找適合於自己的道路，莫泊桑在廣闊的文學領域裡展開了全面的攻勢。他不知疲倦地習作詩歌、戲劇和小說。福樓拜對他的作品一如既往地細加品評。他對莫泊桑的各種嘗試都給予鼓勵，從不輕率斷言他只能作哪種抉擇。

福樓拜嚴教莫泊桑

莫泊桑一邊勤勉工作，一邊辛勤創作，並不間斷地得到福樓拜的嚴格教導和培育，並且經常去福樓拜家裡。

有時，福樓拜剛回克魯瓦塞特，莫泊桑的信便接踵而至：「我親愛的先生和朋友，我們每週的傾談已經成為我的習慣和需要。我禁不住要在信中再和你嘮叨幾句……」

而福樓拜要趕往巴黎時，他還沒從克魯瓦塞特動身，約莫泊桑在巴黎住所會晤的信已先期寄到：「我的小老頭，已經說定，這個冬天，你每星期日到我家吃午飯。那麼，星期日見。」

詩歌是莫泊桑最駕輕就熟的行當。他想成為詩人的鴻鵠之志遠未泯滅。他的詩藝的確日益成熟、老練，他的詩作尤以清新、自然見長。

有一次，兩個人聊了一會洛爾和布耶的往事。然後福樓拜就讓莫泊桑拿出他的新詩來給他看。

福樓拜一邊看著，隨口點評。他停了一下，抬頭問莫泊桑：「你最近在讀誰的作品？」

莫泊桑回答說：「嗯……拉馬丁的作品。」

福樓拜追問道：「還有誰的？」

「萊康特的。」

福樓拜點點頭，露出「果然如此」的神情，指著其中一首說：「這個明顯看出就是萊康特的。」

他又隨手抽出幾首詩，「你為什麼要去模仿別人呢？你一直都沒有找到自我。你看看，這個完全和謝尼耶一樣，而這個又像拉馬丁。喏，這個則像雨果。」

莫泊桑有些不知所措，他喃喃道：「可是，這些人都是大詩人大文豪啊。我想……」

福樓拜毫不客氣地打斷了他：「對你而言，不能每一個人都是大文豪。這事要牢牢記在腦子裡，知道嗎？如果想在一頁紙上表現你的個性，最重要的是發現方法。不能找出樣本，或模仿別人。對任何人都不能佩服。能理解嗎？你有兩隻眼睛，好好利用它吧！你自己有舌頭，為什麼要借別人的舌頭說話呢！快忘掉拉馬丁和其他人。聽著，我要看居伊·德·莫泊桑的作品時，是要聽到莫泊桑的聲音，而不是去喚醒拉馬丁亡魂的巫師的聲音。」

莫泊桑冷汗直流，惶恐地答道：「是。」

福樓拜說著說著就站起身來，煩躁地在房間裡來回走動，寬大的袍子帶起一陣陣冷風。

莫泊桑小心翼翼地問道：「如此說來，這些都毫無價值了？」

福樓拜說：「也不能這麼說。看得出你是下了一番苦心的，但差不多是三流的作品。不過也不必喪失信心。因為你不缺乏聰明，頭腦靈活。我並非虛誇，的確是這樣。因為你寫這些也相當刻苦用心。但不能因為刻苦用心，就認為這些作品是優秀的。如果這樣說的話，那就該永遠拋棄舊觀念和產業時代的一些糟粕。你看看布豐，寫東西的時候非得思考、體會，同時推敲每一個措辭。你不要想到一下就成為拉辛或柯奈耶。」

福樓拜嚴教莫泊桑

福樓拜突然住口不說了，他微笑著翹起了長長的鬍鬚。他走近莫泊桑，兩手抱住他的雙肩，安慰他說：「我就是一個老怪物，我對你說話不客氣，是因為太愛你，恨鐵不成鋼。你要像原諒你父親一樣原諒我。你已經走到了藝術道路上最艱難的路口，而且比以前看得出有明顯進步了。要耐得住性子，永遠都要保持這種耐性。同樣，我也一直在進行這種磨練。你願意與我同路嗎？」

莫泊桑滿懷尊敬地點了點頭。

福樓拜換了一種口氣說：「其實，你不必灰心，你這裡所寫的，比高蹈派那些傢伙們要好得多。」

莫泊桑不敢相信：「您說的是真的？」他知道，高蹈派是最近流行的詩人社團。

福樓拜重新拿起詩稿，「孩子，我騙你幹嘛，只是，比如這個，你來看『消失』就不如『沒人』恰當。」

莫泊桑深有所悟：「嗯，不錯。」

福樓拜又指著一個地方，「這裡加強語氣比較好，你看這樣一改是不是更好？」

莫泊桑敬佩不已：「真的，的確好多了。」

福樓拜又皺起了眉頭：「這裡用『遙遠』不行，應該改成『諷刺的回聲』，這樣是不是文章就緊湊多了？」

莫泊桑一直注視著老人家那些圓圓的大紅臉，和那微微突出的、由於專注而閃爍著光芒的藍色眼睛。心裡對這位文字魔術大師崇拜不已：「真的，簡直棒極了。」

福樓拜卻又換上一副嚴厲的面孔，「你再說一遍！」

莫泊桑鄭重地又重複了一遍：「真是棒極了！」

福樓拜的眼中突然溢滿了熱淚，他緊抱著莫泊桑的肩膀，神思有些恍惚：「讓我擁抱你，每次見到你，我這顆蒼老的心就會猛烈地跳動，就彷彿當年與阿爾弗萊德在一起一樣。」

文朋聚會其樂融融

凡天下做母親的，總有些偏愛兒子的詩才。洛爾請福樓拜對兒子的詩作發表意見，以確定他是否可以用詩歌創作安身立命：

> 您知道我多麼信任您，您的見解也就是我的見解，我一定聽從您的意見。如果您說「可以」，我們就鼓勵這好孩子走自己最愛走的路；但是如果您說「不行」，我們就送他去做假髮或者諸如此類的東西。

自從《包法利夫人》問世以來，道貌岸然的資產階級評論家們曾不止一次地指控福樓拜「有傷風化」。他已經看透了這社會的虛偽，再也不願發表什麼東西了。

1873 年 2 月 23 日，福樓拜在信中心灰意懶地向洛爾傾訴道：

我對一切都反感到了極點，尤其是所謂戰鬥文學。我已決心不再發表什麼東西。為那些趣味高雅的人活著並不比這更好。

不過，對於莫泊桑的寫作前途，福樓拜卻是這樣回答洛爾的：

> 儘管如此，還是應該鼓勵你的兒子對詩歌的興趣，因為文學可以安慰許多不幸的人。也許他有一點天才，誰知道呢？他寫的詩作還不夠多，我還無法預卜他在詩歌方面的命運。我認為我們這個年輕人有點浮躁，寫作還不夠刻苦。
>
> 我很希望能看見他寫一部長些的作品，哪怕寫得不好也無妨。他給我看過的詩，比帕那斯派的詩人們迄今所發表的一切作品都好

得多。持之以恆，他一定會表現自己的特色，和某種別具一格的視覺和感覺方式。

有一個週日，莫泊桑正與福樓拜交談時，暖爐上的鐘突然敲響下午一點。莫泊桑知道，福樓拜每個週日下午一般都會有客人來訪，於是便說：「如果沒什麼事，那我就告辭了。」

福樓拜卻說：「不要緊，你儘管留下來，或許這對你會有幫助。」

福樓拜走進另一個房間裡，換上花紋背心和漆皮鞋，打扮得整潔而莊重。他走到客廳裡，但卻在地上做了好幾個滑稽的芭蕾舞步。

這時，門鈴響了，福樓拜親自去開門。

在大門口，福樓拜就熱烈地抱住了一個大漢的脖子：「屠格涅夫，歡迎你！」

屠格涅夫卻痛苦地抱怨：「我最近患了痛風症，很痛苦。」

說著兩個人就走進院子，屠格涅夫拖著一隻腳。圓臉，白色波紋的鬍子掛在下巴上，上唇則是黑色的鬍子，頭髮隨便向後梳著，身軀偉岸，這正是傳統的俄羅斯貴族形象。

屠格涅夫是深受歐洲作家們仰慕的文學巨匠，他來到法國已經十多年了，漸漸地也養成了一些法國式的舉止，但仍然保持著俄羅斯文學家的固定習慣：一連幾個小時都坐在沙發上談論文學、革命和藝術。他當時就整天坐在他那古董式的豪華公寓四樓的沙發裡。

兩個人走進客廳，福樓拜指點著說：「來，你坐這邊，這裡比較舒服。」

文朋聚會其樂融融

屠格涅夫果然就走過去立刻坐下了。

福樓拜又向屠格涅夫引見莫泊桑，「這個孩子在海軍部做事，一直學著寫詩，不過現在想要寫小說了。」

莫泊桑一愣。他已經寫了十年詩歌，可以看得出，他是在用散文想，用韻文寫。他在這方面實無天才，也許連他自己心裡也有數了。福樓拜當然也已經注意在這方面提示他。

屠格涅夫馬上興奮地說：「這和我走的路一樣啊！嗯，完全一樣。這真是太有趣了。」

福樓拜沖莫泊桑眨了眨眼睛：「是啊，我也感覺很有趣。」

屠格涅夫繼續說：「我當年辭掉公務員的工作，我母親氣得不得了，斷絕了我的糧食供應，也不再給我一文錢。我這樣說母親雖然很痛心，但她老人家的確是一個可怕的暴君。」

福樓拜中止了屠格涅夫的感慨，他換了個話題：「喂，給我們朗誦一下《春泉》吧！」他又轉頭囑咐莫泊桑，「這是很優秀的作品，從如何寫小說這一點來說，你肯定會獲益匪淺。」

之後，門鈴聲不斷地再次響起，半小時之內，客廳裡陸續進來了好幾位文學家。

像木桶一樣的身軀上安放著一個圓腦袋、朝天鼻子架在蓬亂的鬍子上的自然主義文學領袖、小說家左拉，不停地眨著近視眼向福樓拜叫道：「上次那個英國人住在哪裡？他叫什麼名字來著？是詹薩還是叫傑克森？」

「叫詹姆斯。你說的是亨利·詹姆斯吧？」

「對對對，就是詹姆斯。」

福樓拜笑著糾正道：「他不是英國人，他是美國人。」

左拉說：「不管是哪國人啦，反正他答應給我目錄的。」

福樓拜聳了聳肩膀說：「是為了科學研究嗎？你是最容易發現科學的人了。」

左拉的圓腦袋費力地點著：「當然了。」

當福樓拜向大家介紹自己的學生莫泊桑時，左拉也把他身旁年輕的弟子介紹給大家：「這是我的學生鮑爾・阿萊克西。」

莫泊桑注意看了看鮑爾，他臉色呈橄欖色，厚厚的眼皮把兩眼擠成了一條縫，兩排雪白的牙齒一閃一閃的。他們兩人很快就成了好朋友。

客廳裡人聲嘈雜，大家談笑風生。

一個臉形酷似貴族，黑眼睛，有著浪漫風度，頭髮花白，高高瘦瘦的男人站在暖爐旁，福樓拜把莫泊桑拉到他跟前說：「居伊，這位是歷史學家、小說家愛德蒙・龔古爾。」

愛德蒙伸出兩根手指碰了碰莫泊桑的手，然後輕輕拍了拍莫泊桑的後背以示喜歡。莫泊桑注視著他那張蒼白的面孔，他眼鏡後面的大眼睛閃著任性堅毅的光。

而長著瘦長的山羊臉的都德一直是話題的主持者，他模仿著拿破崙三世的語氣，讓大家都忍俊不禁。

都德是這群作家中最富有的一個，愛德蒙稱他為「阿拉伯酋長」。

屠格涅夫招呼左拉：「左拉，你到這邊來，我告訴你個有趣的話題。」

文朋聚會其樂融融

左拉拿出本子，走到屠格涅夫跟前。這是左拉的習慣，他在社交界聚會時，連最細微的事都記在本子上。因此，大家都知道自己的事都會被他記錄在冊。

屠格涅夫說：「嘿，彼得堡《歐洲通信》需要文學通信員，怎麼樣？有興趣嘛？」

左拉雖然寫了劃時代的小說，但銷路一直不太好，他問：「是這樣，會賺錢嗎？」

阿萊克西正在莫泊桑身邊，莫泊桑拿眼神示意著客廳那側一位年輕英俊的金髮青年，問阿萊克西：「那個人是誰？」

阿萊克西回答說：「那是卡基爾‧孟德斯。有機會我幫你介紹一下。」

莫泊桑接著問：「他是做什麼的？」

「是寫詩的。出生於波爾多，他的妻子是德菲爾‧哥提耶的女兒。他辦了幾種雜誌，很有才氣。聽愛德蒙說，他的外公是位看守者，而他的父親是個政治犯。」

莫泊桑問：「愛德蒙知道他的詳細情況？」

阿萊克西笑著說：「聽說他的日記中，寫著所有認識的作家的情況，包括我們。」

莫泊桑感到很有趣：「那他就這樣站著一直豎著耳朵聽著？」

阿萊克西小聲說：「是啊。他像女人一樣細心，剛才是不是用兩根手指跟你握手？」

莫泊桑這才記起來，說：「不錯。不過，我好像沒有碰到，然後他拍了我的背。」

阿萊克西說：「嗯！如果你到他家拜訪以示敬意，他可能會多出一根手指，但就不會再拍你的背了。」

　　煙霧更濃了，阿萊克西從嘈雜的聲浪中穿過去，把孟德斯拉了過來。

　　孟德斯問莫泊桑：「阿萊克西對我說，你是詩人。」

　　莫泊桑笑道：「是啊，只是把讀過的抄寫下來罷了。」

　　三個人一起笑起來。

　　孟德斯繼續說：「我準備再辦一個新的雜誌，叫《文學共和國》。你是不是高蹈派的？歡迎向我們惠稿。」

　　莫泊桑有些猶豫。

　　孟德斯道：「我說的是正經事。」

　　莫泊桑回答說：「我很高興。但是千萬不能用真署名，那會激怒福樓拜先生的。」

　　孟德斯說：「這沒問題，我們正好需要的是新人。」

　　角落裡突然響起了哲學家、歷史學家、批評家依波利特·泰恩的高聲議論，原來，他們的話題已經轉為政治了。

開始嘗試文學創作

　　海軍部印刷科正對著軍部的大院，但比糧食局其他辦公室都要暗得多。莫泊桑把臉貼在窗口，才能看到外面一小片鏡面大小的天空。

　　莫泊桑正坐在桌前計算著下一次假日。其實他剛剛結束了兩個星期的休假，但好像只過了一瞬休假就結束了，遠遠沒有盡興。

　　外面的天空湛藍湛藍的，夏天還剩個尾巴，好像冬天就扯著這個尾巴追來了。今天早晨，公園的樹木開始落葉，3 時燈就亮了。莫泊桑想：「要是能住在一年四季都陽光明媚的地方有多美啊！」

　　科長在屏風那邊的叫聲打斷了莫泊桑的思緒：「莫泊桑，這封訂單給我說明一下！」

　　「是。」莫泊桑對這個地方已經討厭到了極點。

　　週日的深夜，福樓拜書房的火光映出牆上兩個大大的人影。福樓拜帶著莫泊桑剛剛從瑪蒂露德公爵夫人家中回來。

　　福樓拜很討厭寂寞的夜晚一個人獨處，今晚有莫泊桑，他感到很高興。他笑著說：「從今天起，你可以開始學習文學了，我正式收你為學生。」

　　火焰晃動著，映出莫泊桑興奮不安的臉。

　　福樓拜傳授給莫泊桑他切身的藝術奧祕：「對任何事都不要

相信，驅除邪念，輕視精巧。天才是神賜予的，人所做的事只會磨損才能而已。天才比明晰的知覺更稀少，所以非遵從神所安排的命運不可。換句話說，就是捨棄私心。藝術家在工作時，必須盡可能疏遠外界，不能關心時代的嗜好或新的醜聞。規律、孤獨、忍耐，別人看來單調的生活，就是你的模範。」

福樓拜問：「你能懂得嗎？」

莫泊桑鄭重回答：「我懂。」

福樓拜接著說：「讓你高興的事要警覺，比如美食、娛樂、女人……嗯，就是女人。但藝術不是避難所，而是使命。如果想同時得到幸運和美妙，那就什麼也不會得到。美的獲得要以犧牲為代價，藝術由於犧牲而培養。在磨練自己的同時，一步步更接近藝術。寫作時必須全身心地投入，擯棄一切危險和所有的煩惱。」

「知道了。」

福樓拜思維不停，又繼續說：「學習觀察的眼光，到靈感來臨之前，花長時間仔細觀察。不過，在觀察事物時，你可能會浮現出前人所表現的詞句。不能借別人的東西，不但沒有用處，而且會使自己腦筋混亂，必須通通趕走。對於事物，越是沒有感情，就越不會改變你的視角，所以也就容易表現。閱讀自己寫的東西而流淚是很好，但是邊寫邊流淚， ·定是壞文章。必須虛構一個境界，自己則置身其外。」

莫泊桑注意到，福樓拜眼中似乎閃著淚光。他為了緩和一下福樓拜的激動，就換了個話題說：「前兩天聽說，夏邦提耶計劃出版 10,000 部新小說。」

開始嘗試文學創作

福樓拜卻說：「書不是為 10,000 人或 10 萬人而寫的，只要懂得法文，就要努力寫出優美的法文，僅此而已。」

從 1873 年開始，莫泊桑把習作的重點轉向了短篇小說和戲劇。

1873 年 9 月 24 日，一個週末的夜晚，他像往常一樣，從巴黎城裡來到他和萊昂·封丹在阿爾讓特伊租的那間房子，為的是洗掉一週平庸、勞累的文書工作帶來的煩悶。可是，這天封丹要在城裡吃晚飯，不能來同他做伴。

獨伴孤燈，形隻影單，莫泊桑無限淒苦、頹喪。他的目光無意間停留在案頭的一本《星期一故事集》上。這是大作家阿爾馮斯·都德剛剛發表的一部短篇小說集，所收約 40 篇短篇小說，大都是寫 1870 年普法戰爭中的事，以小見大，生動感人。

莫泊桑忽然靈機一動，模仿其中的作品，以自己在普法戰爭中耳聞目睹的事情為素材，只一刻鐘的工夫就寫成了一篇短篇小說。他異常興奮，當晚就寄給母親徵求意見，並請她盡快寄還，因為他還要「用」。

1874 年 10 月 20 日，他在給母親的信中又寫道：

請盡量找些短篇小說的題材給我。白天，在部裡我可以擠點時間寫作，晚上則全用來寫我的劇本。

即使週末去塞納河上划船，也不影響他寫作。他的好幾篇關於划船人的小說，就是在划船時即興構思後寫成的。

1875 年 7 月 29 日，莫泊桑寫信給母親：

我駕馭我的大船就像別人駕駛一艘小船一樣輕鬆。當我在半夜裡
划船去兩英里外的布吉瓦爾，向那裡划船朋友要一杯蘭姆酒的時
候，他們大為驚訝。我一直在寫跟您說過的那些划船人的故事。
我想，從我所認識的划船人的故事裡選幾則最精彩的，將來可以
匯成一本有趣而又真實的小說集。

莫泊桑從 1874 年也開始了戲劇創作，那年，為了參加快樂
劇院組織的戲劇比賽，他動筆寫韻文劇《往昔的故事》。劇本不
久後完成了，可是在評比中卻名落孫山，他只能空望著 1,000 法
郎獎金興嘆。

第二年，莫泊桑又創作了獨幕劇《一次排演》，可這齣戲也
遭到通俗喜劇院的冷然拒絕。

莫泊桑上演的第一部劇作，竟是他和塞納河上划船的夥伴們
的集體創作。

那是 1874 年冬天，划船的美好季節已經結束。為了消磨時
光，首先由莫泊桑想到這個主意：依據他們自己的生活，寫一齣
自然主義鬧劇。

夥伴們熱烈響應。於是，由莫泊桑執筆，大家集思廣益，加
油添醋，一幕接一幕，一邊說笑，一邊打鬧，完成了這個劇本。
劇名叫《在玫瑰葉土耳其樓》。

劇情很簡單：一對來自外地的年輕夫婦初到巴黎，想找一家
旅館，卻不料誤入妓院；透過他們在妓院裡的所見所聞，展現出
這家妓院的種種情景。

1875 年 3 月 8 日，莫泊桑在給母親的信中宣布：

開始嘗試文學創作

親愛的母親，我們幾位朋友和我，即將在勒魯瓦的畫室裡演一出
絕對淫猥的戲。福樓拜和屠格涅夫將要出席。不用說這是我們的
作品。

這樣的戲，當然不能在大庭廣眾間獻演，它只在小範圍內演
了兩場，一場在 1875 年，一場在 1877 年。

1875 年 4 月 13 日在勒魯瓦的畫室演出的第一場，觀眾雖然
寥寥無幾，卻包括了以福樓拜為首的幾位法國文壇名士。還有一
位顯要的觀眾就是屠格涅夫。

福樓拜對這齣戲的上演興趣甚濃。演出那天，他很早就光臨
「劇場」。爬上高踞於六樓的勒魯瓦的畫室，對年逾半百、身體肥
碩的福樓拜來說可夠艱難的。他一邊詛咒著，一邊吃力地登攀，
在二層樓脫下了大衣，三層樓脫下了禮服，四層樓脫下了背心！

演員還是莫泊桑一班人，沒有一個女的。4 個妓女全由男人
扮演，其中包括莫泊桑。

整個演出，出乖露醜、插科打諢、惡謔之極。福樓拜笑得前
仰後合，眼淚直流，讚嘆：「真新鮮！但我並不認為這種無聊的
鬧劇在藝術上有什麼價值，不過開心解悶而已。」

莫泊桑的劇作未能打入劇院，他的短篇小說倒是接連載於報
刊，第一篇派上用場的短篇小說題為《人手模型》。這個短篇於
1875 年發表在《洛林季風橋年鑒》上，用的是「約瑟夫·普呂尼
埃」的筆名。

莫泊桑的這篇小說是根據自己的早年經歷創作的。1868 年
夏天，莫泊桑這個愛海的人，正在埃特爾塔海濱愉快地散步，忽

然，遠處傳來落水人的呼救聲。他與岸上的其他人立即跳上一艘小船，趕往阿蒙門巨岩下。經過大家的奮力搶救，那個落難之人終於得以生還。

為了感激大家，該人再三邀請大家一同去吃飯。席間，莫泊桑才聽說此人是英國文學批評家兼詩人阿爾傑農・查爾斯・斯文伯恩。

從此，兩人過從甚密，經常往來。一天，斯文伯恩請莫泊桑去他家裡玩。莫泊桑剛進房門，便發現這裡的一切是那麼與眾不同。首先映入眼簾的是掛在房內的一張巨幅油畫，上面畫著一顆死人的頭，放在一個貝殼裡，漂游在無邊的大海上。

這令莫泊桑十分驚異，他接著又環顧四周，在不遠處還有一隻人手模型，雪白的骨頭外面是乾巴巴的皮膚，裸露的黑色肌肉還帶著斑斑血跡。整個房間陰森恐怖。

開始莫泊桑有些侷促不安，或許是主人發現了這一點，他安詳而又自然地為莫泊桑講解了這一切。很快莫泊桑的神經就鬆弛下來，他開始仔細揣摩斯文伯恩的飾物和他的怪誕心理，覺得這一切很有意思，特別是那只人手模型既生動又耐人尋味。

後來，斯文伯恩在離開埃特爾塔時，把這只人手模型贈給了莫泊桑。莫泊桑一直很珍愛這個「禮物」，他還曾想要把它拴在門鈴的拉繩上。但封丹說這會把來客嚇跑，莫泊桑才改變了主意，把它安放在自己的臥室裡。

小說《人手模型》表明，這隻手是如何縈繞於莫泊桑的腦海，並激發起他多麼奇異的想像。

開始嘗試文學創作

　　小說的主角是個年輕的大學生，他有一隻愛若至寶的人手模型。那隻手是從一個殺人犯的身上截取下來的。大學生想把它拴在門鈴的拉手上，並開心地為此祝酒：「為你主人的不久光臨而乾杯！」

　　不料這隻手卻活動起來，要扼死這位新主人。年輕的大學生瘋狂了。直到人們把這隻手植回原主人的屍體之上，一切才又恢復正常。

　　「羅曼蒂克！荒誕不經！」在弟子的處女作中，福樓拜發現了法國作家瑞拉爾・德・奈瓦爾、美國小說家愛倫・坡和德國小說家霍夫曼的浪漫主義的明顯影響，而這與他崇尚寫實的文學主張背道而馳。他告誡莫泊桑：不能憑想像寫小說，而應著重生活，牢牢地立足於生活的泥土之上。

　　《人手模型》的問世，大大地鼓舞了莫泊桑致力於小說創作的興趣和信心，感到了小說創作的誘惑力。老師的教導使他思想豁然開朗，他更勤奮地投入了短篇小說的習作。

　　1875 年 10 月，莫泊桑激動地向母親報告，他正計劃寫一系列短篇小說，總題為「小人物的榮辱」，而且他已經確定了 6 個題材。

　　從此，莫泊桑現實主義的文學觀基本確立。他最熟悉小人物，最了解他們的光榮和屈辱、優點和缺點、痛苦與歡樂。他從此要努力以自己的短篇小說抒寫這一切。在經歷過多少曲折之後，他終於找到自己應走的康莊大道。

　　欣喜的母親又一次探詢她無限信賴的老友：「居伊是否到了

可以離開他的『辦公牢房』，靠文學為生的時候呢？」

福樓拜同樣欣喜。但是他回答洛爾：「根據我的經驗，現在還為時太早。急於求成，他將會一事無成的。」

各種文學形式之間都有它們的共性，詩歌和戲劇的素養對於一個小說家來說，自然也不無裨益。但是，小說創作畢竟有它的特殊規律和要求，而這也正是福樓拜認為莫泊桑亟待摸索和訓練的。他對莫泊桑的指導也更具體，更有針對性了。

在福樓拜看來，獨創性對於一個作家來說，至為重要。他斬釘截鐵地對莫泊桑說：「假使你真的具有獨創性，就將它顯露出來。如果沒有，那就老老實實創造。知道嗎？」

福樓拜向莫泊桑闡述道：

獨創性並非什麼奧祕的靈性，而是用心觀察的結果。獨創性是要有清澈鮮明的視覺，及與別人觀點不同的意識，一旦掌握了它，就以一切方法發展它。對你所要表現的東西，要長時間地用心觀察它，以便能發現別人沒有發現過和沒有寫過的特點。

任何事物裡，都有未曾被發現的東西，因為人們用眼睛觀看事物的時候，只習慣於回憶起前人對這事物的想法。最細微的事物裡也會有一些未被認識過的東西，等待我們去發掘。

為了要描寫一堆篝火和平原上的一棵樹木，我們要面對著這堆火和這棵樹，一直到我們發現了它們和其他的樹、其他的火有所不同的時候。

然而只能發現事物的特點還不夠，還要表達這些特點。當你經過一個坐在自家門前的乾柴店老闆時、經過一個吸著菸斗的守門人時、經過一個馬車站時，請你給我畫出這雜貨商和這守門人的姿態。

用形象化的方法描繪出他們包藏著道德本性的形體外貌，要使我不
致把他們和其他雜貨商、其他守門人混同起來；還請您用一句話
就讓我知道馬車站某一匹馬和它前前後後五十來匹馬有什麼不同。

福樓拜強調說：「記住，只用一句話，就要把這些不同描述
出來。」

最後是語言的錘鍊。對文學語言完善的追求達到嘔心瀝血程
度的福樓拜，同樣嚴格地要求自己的弟子：

不論人們所要描寫的東西是什麼，只有一個詞最能表示它，只有
一個動詞能使它生動，只有一個形容詞使它性質最鮮明。
因此就得去尋找，直到找到這個詞，這個動詞和這個形容詞，而
絕不要滿足於「差不多」；絕不要利用矇混的手法，即使是高明
的矇混手法；絕不要借助於語言的戲法來迴避困難。

這是一位文學大師指明的高度，是這位大師依據他本人達到
的藝術高度，甚至是依據他為之不懈奮鬥的藝術理想所指明的高
度。這樣的高度幾乎是不可企及的。

然而，莫泊桑卻實實在在地開始一步步攀登了。

莫泊桑時常協助福樓拜整理文稿，每週必帶著自己所寫的
詩，或小品文、或小說草稿到福樓拜家裡，看到當時報上經常刊
登的傑普、柯培·亞歷諾等人的小說，莫泊桑也躍躍欲試。福樓
拜卻有時生氣，有時諷刺，但仔細閱讀過後，又總是溫和地予以
鼓勵。

福樓拜大叫著：「撕掉，撕掉！你以為我會勸你發表這些爛
東西嗎？」

莫泊桑不安地看著福樓拜。

「這是騙小孩子的，撕破它吧！你在詩中所用的象徵，從巴比倫時代就有人使用過。你還不能忘掉別人寫的東西嗎？你還沒有準確地使用自己的眼睛呢！」

莫泊桑走到暖爐前，把 3 個星期的辛苦結晶都拋入了火中。

莫泊桑看著那閃動的火苗，「我心裡非常悲哀。在職場上創作尤其辛苦，覺得是跟一群禿頭和坐骨神經痛的病人站在一起。3 週來我每晚都盡力寫作，然而未寫出一頁乾淨的稿紙。」

這時，福樓拜已經恢復了常態，他走上前摟住莫泊桑說：「居伊，其實你寫得已經好多了。雖然前進的路很艱難，但你正在不停向前。」

而這時，莫泊桑再也忍受不了上司的種種刁難和打擊。他決定放棄海軍部較好的經濟待遇。

在福樓拜的幫助下，莫泊桑於 1878 年 12 月調到公共教育部，在部長辦公室做一名隨員。

鑒於海軍部的經驗教訓，在教育部工作時，莫泊桑更加注意協調上下級關係，注意珍惜這份固定的職業。他不再鋒芒畢露，而是冷靜地面對小職員的榮辱得失，並把它們看在眼裡，記在心上。

在長達 8 年的職員生涯中，莫泊桑有幸目睹了機關冗員的懶散和可悲、不幸與苦痛。他說：「在每天都要為生活而苦鬥的各階層分子、各類勞動者中，職員是最可悲、最不幸的。」

與朋友組建文學集會

　　一年一年又一年，莫泊桑遵循福樓拜的教誨，時時注意觀察和捕捉生活中一切事物的特點，像一個美術系大學生寫生一樣，用文學語言作描寫人物和環境的練習，構思出一篇篇小說的藍圖。同時，他也為報紙寫專欄文章。

　　或許莫泊桑當時怎麼也不會想到自己會在中短篇小說方面取得世人矚目的成績。

　　1875 年起，莫泊桑開始大規模創作小說，他先後完成《西蒙的爸爸》、《菲菲小姐》、《山雞的故事》、《我的叔叔于勒》、《哈麗特小姐》等上百篇短篇作品。

　　1876 年莫泊桑發表的《福樓拜研究》一文，被福樓拜譽為人們所寫得最好的福樓拜研究文章。莫泊桑 1877 年寫的那篇《16 世紀法國詩人》，也深受福樓拜的讚賞。

　　但福樓拜卻一再告誡莫泊桑不要急於發表小說作品：

> 這樣的東西還是不要發表為好。你有些是學布耶的，有些又是學大仲馬的……要把一切都忘掉！不要拜倒在任何人面前，吃別人嚼過的東西沒有味道。一定要走出自己的路，創造出屬於自己的風格。更不要操之過急！

　　所以在《人手模型》問世後的幾年間，莫泊桑沒有發表過一篇小說。

　　莫泊桑憑藉著頑強的意志和刻苦的努力，一步步走向成功，

不論是在諾曼第農村，還是在首都巴黎，不論是在恩師的公寓還是在自己的書房，他都不敢忘記學習的苦練。

諾曼第是莫泊桑的故鄉，這裡風光旖旎、特色鮮明的風物、淳樸善良的人們，這一切都使莫泊桑為之心動！他慶幸自己生在法國，生在諾曼第，生在風景如畫的海濱小城。他新奇於周圍的一切：白堊質絕壁是怎麼形成的？為什麼它那麼像大象的鼻子？那大象將長鼻子伸入水中幹什麼，是在喝水嗎？

家鄉鬼斧神工的地理和環境，給莫泊桑留下了深刻的印象，同時，也孕育了作家的靈性。

童年的生活和玩耍、少年的學習和頓悟、青年的執著與追求，再加上朋友間的遊戲、父母的教導、恩師的指點、個人的閱歷和常識，莫泊桑將全部的經驗和心得融匯於生活，並在生活的積澱中發掘，這才有了以後短篇小說的輝煌業績。

10 月末一個星期天的早上，陽光燦爛，羅貝爾猛拍著莫泊桑的房門，並大聲喊著：「莫泊桑！開門！」後來他發現房門並沒有鎖著，就推門進去了。

羅貝爾四下尋找，「喂！居伊！在哪兒呢？」

莫泊桑正睡在裡面臥室的床上，他答道：「在這裡。」並取下蓋在額頭上的濕毛巾，慢慢地坐起身來，兩隻手抱著頭。

羅貝爾湊上前去：「我等了你半個小時了，喂，你怎麼啦？」

「不好意思，我頭痛得厲害。」

他兩人本來約好，如果週日天氣晴朗，就一起到塞納河去遊玩，這樣度過秋季的最後一天。

羅貝爾果斷地說：「這樣可不行，必須去叫醫生來。」

莫泊桑說：「不用了，等一下我自己去看醫生。」

羅貝爾停下了腳步，說：「你是怎麼搞的？」

莫泊桑仍然抱著腦袋，說：「我也搞不清楚，今天早上突然頭就痛了。你先去吧，過一下沒事了我就去找你。」

羅貝爾猶豫著：「但是你也需要人照顧啊！」

莫泊桑說：「謝謝，不用了。有房東太太呢！」

莫泊桑看過醫生之後，頭痛輕多了，他中午就搭車到羅貝爾那裡，在陽光下河邊的臺階上吃過午餐。

羅貝爾看著莫泊桑說：「嗯！你看起來好像沒什麼大問題嘛。醫生怎麼說？」

莫泊桑說：「醫生說可能是尼古丁中毒，抽菸太多了，所以我把菸斗全都扔了。」

第二天早上，郵差送來一本《文學共和國》雜誌，莫泊桑的詩被刊登在顯著位置上。他高興地大聲讀著。這是他的作品第一次成為印刷品。

書裡還有一封信，讓他去一趟雜誌辦公室。

莫泊桑到了那裡，孟德斯又為他介紹了幾個文學界的朋友。

艾米拉‧左拉比莫泊桑大 10 歲，按其成名的時間而言，屬於與福樓拜同輩的作家。

1877 年，左拉的《盧貢－馬卡爾家族》中的《小酒店》發表了。作品以逼真的形象勇敢地揭露了資本主義制度下勞動者非人的生活狀況，從而產生了巨大的反響。

莫泊桑是 1874 年在巴黎慕柳街福樓拜住所的每星期日聚會認識左拉的。1875 年 4 月，莫泊桑向左拉表達了他對左拉的新作《莫雷教士的過錯》的讚賞。

　　1876 年，透過在福樓拜住處結識的鮑爾‧阿萊克西的介紹，莫泊桑認識了萊昂‧厄尼克、昂利‧賽阿爾和喬治‧卡爾‧於斯曼。他們 5 個人年齡相仿，在不同程度上都是左拉的景仰者，志趣相投。

　　一個星期四的晚上，他們手拉著手前去聖喬治街左拉家裡拜訪，受到左拉夫婦的熱情接待。晚飯後，又縱談文學藝術，直到深夜。

　　從此，他們每逢星期四的晚上，在聖拉薩爾街和勒阿弗爾巷拐角的特拉普餐館吃完晚飯，到這裡集會。以左拉為核心，一個小小的集團就這樣形成了。

　　但這並不足以形成社會影響。幾個年輕人提出大張旗鼓地舉行一次公開宴會。莫泊桑保證可以說服福樓拜出席，左拉這才表示贊成。

　　1877 年 4 月，宴會果然舉辦了。出席者除上述 5 個年輕朋友，年輕人還有奧克塔夫‧米爾波，名人則有福樓拜、愛德蒙和左拉。

　　1877 年 4 月 13 日的《文學共和國》這樣風趣地報導宴會盛況：

《包法利》菜湯
《妓女愛麗薩》肉色鱒魚

與朋友組建文學集會

《聖安東》塊菰小母雞
《淳樸的心》朝鮮薊
自然主義冰淇淋古波葡萄酒
《小酒店》燒酒

對於成立派別，福樓拜有力無心，愛德蒙有心無力，只有左拉二者兼具。左拉的自然主義集團盟主地位就這樣確定了。

後來，左拉和莫泊桑等每個星期四晚上的聚會常在巴黎西郊左拉新建的梅塘別墅舉行，世人便將他們稱之為梅塘集團。這個自然主義集團的第一個集體文學產物，就是小說集《梅塘夜譚》。

一天，他們5人在巴黎城裡左拉的住所吃飯，席間談起1870年的普法戰爭。他們當中有好幾個人當時都曾投筆從戎。

左拉提議：「喂，喂，你們都經歷過顛簸的生活，大家何不就這個題材出一部合集，一部關於戰爭的，這必定是第一級的主題。」

大家都表示不滿：「什麼？！5個人合作？絕對從第一章就進行不下去。」

左拉說：「不是。每個人各寫一篇四五十頁的中篇小說，都是獨立的故事，把這些小說收在一起，印成單行本。」

大家都互相看著。

左拉又繼續說：「如果你們願意，我也寫一篇。」

阿萊克西說：「好呀，幹嘛不？有左拉的作品在裡面，銷路肯定不會錯。」

「你們有題材嗎？」

「我們會找到的。」

「好，贊成。」

「我也寫。但書名叫什麼呢？」

於斯曼說：「叫《滑稽的侵略》怎樣？」

但沒有人表示贊成。

賽阿爾說：「就叫《梅塘夜譚》。」大家對這個題目齊聲喝彩，於是採用了《梅塘夜譚》。1880 年 1 月 5 日，莫泊桑在給福樓拜的信中說：

在擬議這部小說集的時候，左拉、於斯曼和賽阿爾都有一篇現成的作品，只待莫泊桑和厄尼克、阿萊克西寫成交來，全書便可大功告成。

《脂肪球》一舉成名

1879 年底，莫泊桑參加完左拉家那一晚的聚會之後，回到寓所就馬上動手創作，並在 3 天的時間裡，寫成了一篇小說。

起初，莫泊桑頭腦中充滿了以「妓院」為題材的念頭，但又怕過於大膽了。不過，他想，如果拿這些女人之一來做主角，可能是個好主意。

莫泊桑推開窗子，趴在窗架上凝視著暗夜。夜風拂過，他腦海中突然閃過高中時有一次與羅貝爾夜遊，遇見一個肥胖矮小的妓女，她那圓滾滾的身材簡直就像一團脂肪球。

莫泊桑臉上浮起輕鬆的笑意。

《脂肪球》是一部介乎中篇和短篇之間的小說，它以普法戰爭為背景。

這篇小說的主要情節是這樣的：

離巴黎東北約 130 英里的魯昂城被普魯士侵略軍占領了。

城裡的居民在經歷了一陣心慌之後，開始各尋他路。一個星期二的清晨，一輛公共馬車在漫天大雪中出發，車上 10 位乘客除了有身分的伯爵、富商以及修女之外，還有一個綽號叫「脂肪球」的妓女。同行的那些自命高貴、聖潔的人們對脂肪球都極表輕蔑。

脂肪球矮矮的身材，滿身各部分全是滾圓的，胖得像是肥膘，手指頭全是豐滿之至的，簡直像是一串短短的香腸似的；皮膚是光潤而且繃緊了的，胸脯豐滿得在裙袍裡突出來。然而她始終被人

垂涎又被人追逐，她的鮮潤氣色教人看了多麼順眼。

她的臉蛋像一個發紅的蘋果、一朵將要開花的芍藥；臉蛋上半段，睜著一雙活溜溜的黑眼睛，四周深而密的睫毛向內部映出一圈陰影；臉蛋下半段，一張嫵媚的嘴，窄窄的，潤澤得使人想去親吻，內部露出一排閃光而且非常纖細的牙齒。

他們都設法從德軍司令部弄來離境證書，準備去尚未淪陷的勒阿弗爾。雪下個不停，路越來越難走，估計馬車還要很久才能到達旅店。旅客全都飢腸轆轆，難以支持。然而由於走得匆忙，大家都忘記帶食物了。只有縮在車棚深處的脂肪球一個人帶了一籃子精美的食品，足夠她自己吃3天的。

儘管她知道這些上層人物看不起自己，但是好心的脂肪球看到有位太太甚至餓得暈了過去，於是慷慨地將食品分發給大家共同分享。剛才還自命不凡、對脂肪球不屑一顧的乘客再也抵擋不住香味四溢的食物的引誘，不由得爭先恐後地大吃起來。不一下，滿滿的一籃食物全吃光了。人們抹了抹油光光的嘴，與脂肪球親熱地東拉西扯。

晚上，馬車到了一個名叫多德的地方，被德軍扣了下來，旅客們只好在旅店裡住宿。第二天，德軍下令不許這輛車動身。原來，一個德軍軍官看上了脂肪球，要脂肪球委身於他，遭到脂肪球的堅決拒絕，他惱羞成怒，竟扣下全車人員做人質。

旅客們知道了這件事，先是義憤填膺，竭力讚揚脂肪球的愛國精神；繼而想到自己的處境，對脂肪球冷淡起來。其中一位先生還提出要犧牲脂肪球換回大家的自由。

第三天，馬車仍然不能動身，他們開始憎恨脂肪球了，認為都是這個下賤女人誤了他們的旅程。等到了第四天，他們趁脂肪球上教堂之際，集體商量如何勸說脂肪球順從德軍軍官的要求。最

《脂肪球》一舉成名

後，在修女和伯爵的配合下，他們終於用花言巧語達到了目的。

第五天清晨，馬車又出發了。在匆忙中，脂肪球什麼也沒有帶就上了車，在車上她驚愕地發現人人對她冷若冰霜。幾位夫人只是輕蔑地看了她一眼，然後背過身，嘴裡似乎嘟噥著「下賤」之類的罵人話。

到了中午，他們若無其事地各自拿出在旅店裡買來的東西，津津有味地吃著，誰也沒有朝她看一眼，誰也沒請她嘗一口。

未來得及買食物的脂肪球氣得一句話也說不出。這些道貌岸然的傢伙，先是把她當做犧牲品送給德軍，然後又像扔掉一件骯髒無用的東西一樣把她拋棄。她想起自己那一籃子裝得滿滿的食品，他們是那樣貪婪地把它吞得精光，眼淚不由得奪眶而出，但她忍住沒有哭出聲來。

脂肪球獨自坐在角落裡，黑暗中傳出一聲嗚咽，那是她沒能忍住的一聲嗚咽。沒有一個人望她，沒有一個人惦記她。她覺得自己被這些顧愛名譽的混帳東西的輕視淹沒了。當初，他們犧牲了她，以後又把她當做一件齷齪的廢物似的扔掉。

小說就在脂肪球辛酸的淚水中結束了。

這一天，賽阿爾吹著口哨找到莫泊桑，手裡拿著一張請柬，對莫泊桑說：「明晚福克尼要請我吃飯，但我又沒空，你替我去吧！」

「可是，明晚在左拉家有聚會，你不去嗎？」

「我可能會遲到，你先說你要不要代替我到福克尼那裡去？」

「好吧，把請柬放我桌上吧！」

由於意想不到的因緣，莫泊桑的生涯展開了新的一番風景。

教育部是討人喜歡的地方，同事們都能幹、年輕，而且工作輕鬆。莫泊桑的職務等於是部長巴特的私人祕書，自己也發現他已經經常參加社會政治活動了。

參加完福克尼家的晚宴，果然如賽阿爾所說，他吃到了「巴黎最豪華的晚餐」。

又一個月夜，莫泊桑快速尋找著出租馬車。左拉和 5 個同伴們今晚又要聚會了，預備在今晚朗讀決定出版的《梅塘夜譚》。

到此時，莫泊桑和左拉及其同伴們的關係已經漸漸確定，現在變成了另一種形式。莫泊桑的生活也在變化之中，但由於時常有頭痛的毛病，因此連視力也受到了影響。

莫泊桑摸了摸口袋，原稿沒有忘了帶著。雖然有時頭痛得屬害造成中斷，但他還是完成了作品。

按照福樓拜指導的寫作原則，他感到他所創作的人物活生生地出現在現實當中，而且又經過了仔細的推敲，從而使每個人物都血肉豐滿，各具意志，是一個個獨立的人，而不是聽從於作者指揮的傀儡。

莫泊桑是滿含著沉醉與感激之情完成這部作品的。

馬車停下，莫泊桑走進左拉的別墅。這時，客廳裡燈光明亮，其他人已經到齊了，大家都帶著莫名的興奮之情。

首先，大家一致表示將左拉的小說排在卷首。

萊昂·厄尼克提議說：「其他人的抽籤決定如何？」

大家都轟然叫好，結果莫泊桑抽到第一號，他的小說將排在左拉之後。

《脂肪球》一舉成名

昂利・賽阿爾說：「居伊，你的運氣真好。」

莫泊桑笑道：「是的。但我要求最後一個朗讀。」

左拉首先以生動的語調朗讀了他的《磨坊之役》，獲得了滿場喝彩。隨後大家一個個朗讀，最後就輪到了莫泊桑。

於斯曼喊道：「居伊・德・華蒙，到前面來。」

莫泊桑笑著糾正說：「不，這篇小說署名是居伊・德・莫泊桑。」

「小說叫什麼名字？」

「脂肪球。」

接著，莫泊桑就以清晰的聲音開始朗讀：「四五天之間，敗軍三三兩兩，繼續不斷地從城裡經過。這已不能稱為部隊，而是離開了軍隊的烏合之眾……」

當莫泊桑在左拉的住所讀完他的手稿時，在場的人都為這部傑作的精彩內容和爐火純青的藝術技巧而深感意外。他們激動萬分，全體起立，像對一位大師一樣向莫泊桑表示敬意，以致久久無言。

最後，大家都注視著莫泊桑的臉，突然齊聲大叫起來：「太好了！」

1880 年 1 月 13 日，福樓拜終於在給出版家沙邦吉埃的夫人的信中做出了最後的判斷：

小莫泊桑確有才華，我可以向您證實這一點，我想我是懂行的。

福樓拜對莫泊桑「確有才華」的斷語絕不誇張。有人說：莫泊桑是克魯瓦塞特作坊裡鍛造出來的。的確，十餘個春秋，福樓

拜親眼看著莫泊桑在千錘百煉中成長，再也沒有誰比他更了解莫泊桑了。

而在做出上述斷語之後不幾天，福樓拜讀了莫泊桑的新作《脂肪球》以後，對莫泊桑的才華更加深信不疑：「在長期磨礪之後，一顆文學的巨星，就要飛昇於法蘭西的文學蒼穹了！」

1880 年 2 月 1 日，福樓拜在給姪女克曼維夫人的信中熱情洋溢地寫道：

> 《脂肪球》，我的弟子的這篇小說，是一部傑作。今天早晨讀了校樣後，我堅持用「傑作」這個詞。這是一部結構精妙、富於喜劇性和觀察力的傑作。

1880 年 4 月 15 日，《梅塘夜譚》問世。書中收有 6 篇小說，除了莫泊桑的《脂肪球》，其他有：左拉的《磨坊之役》，於斯曼的《背上背包》，賽阿爾的《放血》，厄尼克的《「大七」事件》，阿萊克西的《戰役之後》。這 6 篇作品的思想和藝術質量參差不齊。

《脂肪球》透過一群人結伴旅行的前前後後，高度描繪出法國各階層在普魯士占領者面前的不同態度；以一個羞於委身敵寇的妓女作對照，淋漓盡致地刻劃出只顧私利而不顧民族尊嚴的貴族資產者們的寡廉鮮恥。這一傑作構思可謂匠心獨具，所塑造的人物個個都很典型，既體現出一定的共性，又具有鮮明的個性。

《脂肪球》反映的主題是「個個心中有，而人人筆下無」，要是一般的作者來寫，都會把妓女寫得如何卑微、如何下賤，如何不懂情感，如何不知亡國恨，或者又是如何受人嘲弄。

《脂肪球》一舉成名

可是莫泊桑沒有這樣寫，他善於發現新的東西。他筆下的脂肪球是一個社會地位低下的妓女，是品德高潔者的人們看都不想看的妓女。

故事中馬車裡人們的目的是逃難，如果這次走不出去，大家的性命就難保了。莫泊桑選取的環境就是在路途的馬車上，離市鎮遙遠，荒無人煙的地方，大家肚子餓得發慌。此時，脂肪球把她的美味佳餚拿出來毫不保留地分給飢餓的太太們吃，幫大家解決一時的飢餓。

而在出境的關口上，守關德國軍官因為看上了脂肪球，想要脂肪球陪他過夜。但脂肪球想到國家眼看要滅亡了，自己不能把肉體獻給德國軍官，因為這樣做是有損於法蘭西民族的尊嚴的。她一而再、再而三地堅持保住民族的尊嚴。

守關的德國軍官不能得到脂肪球肉體的情況下，就把全車的人群扣留下來。在這個緊急關鍵的時刻，每個人都有不同的表現。那些貴族太太們，為了自己的利益，把民族的尊嚴拋棄了，都希望脂肪球去把身體獻給德國軍官。而脂肪球呢，左右為難。作為一名妓女，獻身本來是她正常的職業，但在這亡國之時，她不想這樣做，因為民族的尊嚴更加重要。

但是為了這一車人員的安全，在那些太太的再三要求下，她終於答應了德國軍官的要求，獻出了自己的肉體，這一車人才得以過關。可是後來，這些得了好處的貴族太太們忘記了脂肪球為她們做出的犧牲，他們比先前更加嫌棄脂肪球，認為脂肪球就是這樣骯髒下流的妓女。

戰爭，不僅帶來死亡和血腥的殘酷，它還毫不留情地撕去了那些醜惡之人蒙在表面假仁假義的面紗，暴露出他們真正邪惡的靈魂。而我們從一個普普通通的法國妓女身上卻看到了真正閃光的地方，那就是一顆真摯淳樸的愛國之心！

在小說中，莫泊桑運用精心、生動的細節描寫刻劃人物，烘托氣氛，異彩紛呈，每每令人拍案叫絕。《脂肪球》不愧是一部思想性和藝術性高度和諧統一的藝術珍品。

脂肪球的「漂亮和豐滿」是天然的，而不是像太太們那樣是經過打扮而來的；她不像貴族太太們那麼打扮得漂亮，一切都是自然的。這說明她很真實，而那些上層社會的太太，是因為打扮才顯得高貴，她們的外表高貴，而內心卻十分低級下流，她們是虛偽的。

這種透過外貌肖像的對比描寫，使人一目瞭然，更加清晰地感受了特定的人物環境和人物性格，從而反映了社會生活。這是小說成功的原因之一。

脂肪球是可憐的，她的可憐是來自於病態的社會、病態的人群、病態的心靈，而不是她本人的墮落。讀者自然會想到像她這樣的人，淪為妓女，只能是生活所迫、社會所迫。

莫泊桑也深信，廣大公眾和高明的、有良知的評論家是不會誤解一部真正好的傑作的，他們肯定會做出公正的評價。果然，評論家們出來說話了。

一位評論家寫道：

莫泊桑先生寫了外省淪陷時期一個殘酷的，然而也是詼諧的插曲。

《脂肪球》一舉成名

另一位曾經批評過莫泊桑的評論家寫道：

莫泊桑先生的《脂肪球》獲得了輝煌的成就，這不是沒有道理的。莫泊桑先生，我曾在本報嚴厲對待過作為詩人的他，是一位出類拔萃的散文家。

著名作家邦維爾則預言：

人們將不厭其煩地一讀再讀這部《脂肪球》。

如果說評論家的話是冠冕堂皇的恭維，那麼來自導師福樓拜的熱情評價則是金不換的真誠和坦率。最了解自己弟子的福樓拜，是《脂肪球》的第一讀者，也是首席評論家。讀過校樣，這位別具慧眼的長者立即就洞悉了它的非凡價值。他在隨即給莫泊桑的信中對弟子忘情稱讚，並對這部作品精闢地細加品評。

我迫不及待地要告訴你，我認為《脂肪球》是一部傑作。是的，年輕人，它正是出自一位大師之手。文章構思很新穎，通篇渾然一體，而且風格卓越。景物和人物如在眼前，心理描寫很有功力。總之，我非常高興：有兩三次，我都放聲大笑起來。

你可以深信，這篇短短的小說將留傳後世。你筆下那些資產者的面孔多麼唯妙唯肖！沒有一個不成功的。高紐岱絕妙而且真實。滿臉小麻子的修女，好極了；而伯爵，口稱「我親愛的孩子」。還有那結尾，可憐的妓女哭泣著，而另一位卻在唱《馬賽曲》。妙！

我真想擁抱親吻你一刻鐘！真的，我很高興。我開心，我讚美！

《梅塘夜譚》的出版，使莫泊桑的名字很快就傳遍了巴黎的所有沙龍。

　　由於《脂肪球》的成功，正如莫泊桑自己常說的，他「像流星一樣進入文壇」。不過，他卻不願像流星那樣一閃即逝。

　　老師在信中激勵他：

　　再努力寫出一打這樣的作品來，那時，你就會成為一個人物了。

　　是的，他還要不懈地奮進，向更高的藝術頂峰攀登。

恩師去世悲痛萬分

　　1880 年代以後，莫泊桑的小說創作進入黃金時期。這個時期他先後發表了《泰利埃公館》、《月光》小說集及 5 部長篇小說。

　　而且，此時的莫泊桑已經擺脫了幼稚，走向了成功。

　　1880 年，當莫泊桑的成名作《脂肪球》問世後，給他帶來了意想不到的聲譽，從此他蜚聲文壇，成為法國著名小說家。

　　《脂肪球》於 1880 年 4 月 15 日和讀者見面後僅僅一週，莫泊桑的唯一一部《詩集》也緊接著問世。莫泊桑拿到樣書，首先就寄一本到克魯瓦塞特。

　　福樓拜已經在熱切期待著了，書一到手，他立刻翻閱，剛掀開封面，老人的熱淚便潸然而下。原來那扉頁上印著這樣幾行獻辭：

獻給

居斯塔夫·福樓拜：

我衷心摯愛的傑出的慈父般的朋友，

我最最敬慕的無可挑剔的導師。

　　讀罷《詩集》，福樓拜心潮難平，當即給莫泊桑寫了一封充滿激情的信。

我的年輕人：

你有理由愛我，因為你的老頭真心愛著你。你的獻辭使我回想起

好多人：你舅舅阿爾弗萊德，你的祖母，你的母親。有好一下，

我這老頭心中酸楚，淚眼模糊……

與此同時，《脂肪球》引起的轟動並未稍減。短短半個月裡，《梅塘夜譚》就出了 8 版。莫泊桑當然又及時向老師作了報告。福樓拜聞知，在 5 月 3 日給莫泊桑的信中寫道：

> 你說《梅塘夜譚》出了 8 版？而我的《特洛瓦·孔德》才出了 4 版。我簡直要嫉妒了。不過，有必要為寫報紙文藝消息的傻瓜製造些材料，其後再尋求我們該採取的手段。我這個禮拜六或禮拜天就要去巴黎，所以你下星期初就可以見到我了。

是的，他迫不及待地要來親眼看一看巴黎向自己的弟子祝捷的盛況。

1880 年 5 月 8 日，星期六。和老師見面的日子再過兩天就到了。自上次分開以來，情況發生了多麼可喜的變化！這次見面，老師為慶祝高徒的成就，弟子為感謝恩師的栽培，定然要比往常更加盡興地開懷暢飲。

15 時 30 分，莫泊桑下了班，向寓所走去。天氣很好，他忍不住要到河裡一遊，現在去，週一早上次來，就可以馬上拜訪福樓拜了。他一邊走著一邊設想著與老師見面的愉快情景。

莫泊桑奔上了樓梯。突然，門房安琪太太在樓梯口攔住了他：「莫泊桑先生，有您的電報，放在您桌上了。」

「謝謝。」

桌上放著一個藍色的信封，電報是住在巴黎的福樓拜的姪女卡洛琳·克曼維夫人發來的，莫泊桑打開來看：

> 福樓拜腦溢血，絕望。6 時出發。

恩師去世悲痛萬分

莫泊桑拿著電文，一下呆立在當場。簡短的電文，像突然襲來的閃電，直刺莫泊桑的心坎：「期待中的重逢，難道要被死神化為永訣？不！40天前，福樓拜在克魯瓦塞特招待都德、左拉、愛德蒙和出版家沙邦吉埃歡度復活節時，還是那樣談笑風生，步履穩健，死神不會這樣快就降臨到他的身上。」

但是，從他的週末郊遊地勃松轉來的一份魯昂來電，證實了他不祥的預感：

請通知住在普蘭旅店的莫泊桑先生，福樓拜今日猝死於克魯瓦塞特。

多麼殘酷的現實！他再也無法迴避了。

莫泊桑在極度的悲哀中挨到了傍晚 18 時，在聖拉薩爾火車站與克曼維夫婦會齊，便同車前往魯昂。

克曼維坐在莫泊桑對面，表現得相當鎮靜：「伯父已經亡故。我們也是接到通知才知道，旁邊的人打電報時，一定已經死了。那些人真蠢。」

一路上克曼維夫婦一直在小聲商量著什麼，克曼維是福樓拜的財產繼承人，他們有不少事需要操心。

莫泊桑則獨自沉入了深深的往事回憶。

「慈父般的朋友」、「無可挑剔的導師」，莫泊桑這樣稱呼福樓拜的確是出自肺腑。在他十餘年的成長道路上，哪一程沒有福樓拜的關懷和幫助！

福樓拜不僅指點他如何寫作，而且引薦他結識文壇名流，為他和報刊、出版社建立聯繫，甚至還在他面臨危局時挺身保護。

啊，恩師在艾湯普事件中為援救他而奔走呼號的形象，此刻又重現在他的眼前。

1879 年 11 月 1 日，在巴黎南面的艾湯普城出版的《現代自然主義評論》刊登了莫泊桑一首長詩，題為《一個少女》。長詩赤裸裸地描寫了一對青年男女的性愛。這首詩是 1876 年 3 月在《文學共和國》上發表過的舊作，原題為《在河邊》。當年發表並未引起任何訾議。

莫泊桑謀求調至公共教育部工作時，福樓拜給巴爾杜部長看過這首詩，這或許還對調動的成功產生良好的作用。

可是，《現代自然主義評論》轉載此詩時，恢復了當初被刪去的露骨描寫，這就讓當局抓住了把柄而引起軒然大波。艾湯普的檢察院對作者提出了「有傷風化，有傷公共道德和宗教道德」的嚴厲指控。這讓莫泊桑大傷腦筋。他生怕這會砸掉他在公共教育部的飯碗，於是連忙向老師求救：

> 我需要您寫一封安慰性的、充滿慈父感情和哲理的長信。信中要有您對《在河邊》的見解，從文學角度，也從道德角度來看這首長詩。我的律師認為，像您這樣一位曾因寫了一部傑作而被追究，好不容易才被宣告無罪，後來得到了榮譽，最終被各派公認為無可指責的大師的天才人物，憑您特殊的、獨一無二的地位，您的信一發表，就足以平息這個事件。

福樓拜接到這封求援信，居然領命不誤。他四處奔走，疏通關節，並且在 1880 年 2 月 21 日的《高盧人報》上發表了莫泊桑安排的給莫泊桑的長信。

恩師去世悲痛萬分

福樓拜的特殊地位果然產生了影響。1880 年 2 月 26 日，總檢察官函諭艾湯普地方檢察官：

我謹要求您結束這場訴訟，並做出不予起訴的裁定。

然而，福樓拜對他絕不是一味溺愛。這位「慈父般的朋友」發現他的缺點，總是及時提出規勸。

列車沿著同塞納河平行的鐵路線飛馳，像在和嗚咽西去的河水競賽，看誰先趕到逝者的身旁。依然沉思著的莫泊桑，眼前彷彿升起熊熊的爐火。他又進入了另一件往事的畫面。只有莫泊桑目睹了這件往事，這就足以見得他和福樓拜關係之親密。

那是一年前的事了。一天，福樓拜來信，要莫泊桑週末去克魯瓦塞特，因為他要做一件「痛苦的雜務」，希望莫泊桑能做伴。

莫泊桑遵命到達，令福樓拜十分欣慰：「謝謝你來了。我要把沒有分類的舊信全部燒掉。我不願讓人在我死後讀這些信；可我又不願獨自一人做這件事。你就在一張扶手椅上過夜。你可以看書，我煩悶了，我們就聊一下天。」

晚飯時，福樓拜喝了好幾杯葡萄酒，反覆念叨著：「我必須忘其所以。我可不願到時又心軟起來。」

吃完飯，他們便進入寬敞的書房，壁爐中火勢正旺。一個打開的箱子放在壁爐前，裡面裝滿了信札。抽了滿滿一斗菸以後，福樓拜讓莫泊桑坐下看書，自己就燒起信來。

到了克魯瓦塞特，莫泊桑終於看到，老師福樓拜躺在床上，並沒有多大的變化，只是由於中風，脖子腫脹呈現黑色。

住在鄰近的老朋友福丹醫師及其助手杜諾，在客廳裡說明事情發生的詳情：「他前幾天身體很好。長篇小說《布瓦爾和佩庫歇》只差十多頁就要完稿了，他十分高興。星期五晚上，他還和我們一起朗誦柯乃耶的詩來著。他當時還告訴我，他老早就在期待著去巴黎的日子。他當時情緒極好。

「據僕人說，第二天早晨他一直睡到 8 時，洗了澡，梳理穿戴完畢，又讀了當日的信件，然後就抽菸。10 時 30 分他感到略有不適……」

說到這裡，福丹停了一下，注視了莫泊桑一眼，然後繼續說：「於是他喚女僕去找我。不巧，我正在往魯昂的船上。女僕回去時，福樓拜站在書房，發生了輕微的眩暈。他還平靜地說：『我覺得神志昏迷，但與其明天在火車上發生，倒不如今天發生。』自己打開香水，塗抹太陽穴，然後慢慢躺在長椅上。女僕再去喊我的助手杜諾來時，福樓拜已經失去知覺。在診察當中，他兩手痙攣起來，面孔漲得通紅，突然停止了呼吸。過了一會，心臟也停止了跳動，就這樣完了。」

經過短暫的沉默之後，克曼維問：「死亡的原因是什麼？」

福丹看著她，莫泊桑感覺醫生在下著某種決心。然後聽到福丹回答：「腦溢血。」

克曼維冷靜地說：「是嗎？好，知道了。」

莫泊桑一言不發，沒有哭號，也不哀泣，只是充滿了神聖的敬意。他希望單獨與恩師在一起，通宵不眠地守夜，親手幫恩師洗了身子，周身上下擦了濃郁的香水，再穿上全套服裝：從襯衣襯褲到白襪，從馬褲、蝴蝶領結到皮手套。他又親手為死者合上

雙眼,梳好髭鬚和頭髮。

第二天早晨,左拉、都德、柯培、希亞,及其他許多人都從巴黎來參加出殯。

天空浮著大片的雲,出殯行列走到河邊時,樹木被風吹向傾斜搖擺。行列朝著肯特及其教堂的路上走去。

從履行宗教儀式的教堂到那瀰漫著山楂樹清香的遙遠山岡上的魯昂紀念陵園,莫泊桑始終伴隨著恩師的遺體。

福樓拜是拿破崙五級勳章的佩戴者,所以墓地有一隊武裝士兵跪於內側。

大家圍繞墓穴四周,福樓拜的墓穴在他父母的左側,父母的右側埋著他早逝的妹妹,而在往下不遠的地方長眠著他的摯友路易·布耶。

墓穴還是父親早年為他造好的。因他小時候生過一場大病,父母以為他再難活命,便為他準備了後事,誰知他竟活了下來。而今,那小小的墓穴怎容得下這偌大的靈柩?

儘管掘墓者流著汗,喘著氣,用鏟子協助,但那靈柩還是頭朝下地卡在墓穴的中腰,既放不下去,也拖不上來。

趕來送葬的老友愛德蒙、都德、左拉等再也不忍心看下去,大家灑了聖水,紛紛提前離去。

左拉握住莫泊桑的手:「我不能留在這裡,今晚必須回到棉蘭。」

莫泊桑低聲說:「謝謝你特地趕來。」

莫泊桑全身顫慄,突然感到寒冷,他忍痛堅持到諸事完畢。他依然默默無言,與克曼維戲劇性的呻吟形成鮮明的對照。

回到巴黎，莫泊桑在給克曼維的信中才傾吐出福樓拜之死使他感到的哀傷：

> 我此刻痛切地感覺到生活多麼無益，一切努力全是徒勞，事物如此可怕的單調，精神何等的孤獨。我們每個人都生活在這種精神孤獨的狀態中，我只有在能夠同他促膝交談的時候，才不那麼為其所苦。

福樓拜之死對莫泊桑精神上的打擊是如此沉重，以致一位熟知莫泊桑的學者發出這樣的感嘆：「從來沒有哪個兒子因為死了父親而比他更悲痛的。」

用父子關係來影射福樓拜和莫泊桑之間的關係，是不足奇怪的。福樓拜說他愛莫泊桑如同愛「我的兒子」，因為到了 1870 年代後期，獨身的福樓拜和實際上已失去生父的莫泊桑，在長期相處中已建立起親如父子的感情。

洛爾 1878 年 1 月 23 日給福樓拜的信證明，福樓拜在這以前不久開始稱莫泊桑為義子。她一開始就寫道：

> 既然你稱居伊為你的義子，親愛的居斯塔夫，如果我很自然地又和你談談這個孩子，你是會原諒我的。

福樓拜和莫泊桑之間的父子般的甚至是勝過父子的情誼，已經到了具有傳奇色彩的程度。在世界文學史上，師生兩代都是舉世聞名的文豪，而彼此的情誼又如此親密、誠篤的，恐怕僅此一例了。

莫泊桑這位福樓拜精神繼承人所取得的光輝的文學成績，足可彌補由於他們不是血緣父子而令人感到的遺憾。剛剛埋葬了福樓拜，親屬們圍繞遺產的紛爭就開場了，連那與逝者一生的偉業

恩師去世悲痛萬分

密切相連的克魯瓦塞特也最終被他們變賣！而莫泊桑卻在悲哀中
振奮精神，遵循先師的教導，為寫出一打《脂肪球》那樣的傑作
而繼續奮鬥。

短篇小說再創輝煌

在《脂肪球》問世以前，籍籍無名的莫泊桑要發表一點東西談何容易！隨著《脂肪球》的爆響，局面徹底改觀。敏感的報業大王們，態度轉變得最快，行動也最為迅捷、果斷。

第一個登門者是《高盧人報》社長阿爾蒂爾‧梅耶。這個猶太人一邊舞弄著白手絹慢條斯理地說話，一邊觀察著莫泊桑的反應。「不管別人對您作什麼樣的評論，我拜讀了您的小說，覺得很有可讀性。我毫不掩飾我衷心的讚美：莫泊桑先生，您具有非凡的才能。」

梅耶見莫泊桑在專心地聽著，知道這是個好兆頭，便開門見山地說：「我登門拜訪的目的，就是想把閣下卓越的才華和我身為報人的巧妙手腕結合起來，使之相得益彰。直截了當地說，我希望您加入《高盧人報》，成為本報定期撰稿作家。」

莫泊桑試探性地詢問：「寫什麼呢？」

「您寫什麼我們都要。」

莫泊桑當機立斷：「那麼，什麼時候開始？」

梅耶喜出望外：「您答應了？謝謝！明天發預告，下週就見報。」

1880 年 5 月 30 日，《脂肪球》發表僅 40 天以後，莫泊桑作為專欄作家的第一篇重要作品、中篇小說《巴黎一市民的星期日》，開始在《高盧人報》連載。

短篇小說再創輝煌

　　莫泊桑之後的又一部傑作是中篇小說《泰利埃公館》。這篇小說的素材是由一位老朋友、魯昂《新聞家》社長拉皮耶爾提供的。

　　一天，拉皮耶爾在魯昂沿河的妓院區遊逛，忽見一家妓院的門上貼著一張告示：

　　由於參加第一次領聖體儀式，暫停營業。

　　拉皮耶爾暗暗驚奇：這卑賤的行當竟同聖潔的宗教搭上了關係，委實耐人尋味。於是他把這件事告訴了莫泊桑。

　　1880 年底，在梅塘集團的同輩夥伴一次聚會時，莫泊桑轉述了這個故事，最後他興奮地說：「這個題材可以寫一部中篇小說！」

　　而大家卻一致認為這題材根本沒辦法寫。夥伴們散去以後，莫泊桑立即伏案疾書。

　　1881 年 1 月，莫泊桑在信中向母親宣布：

我那關於參加第一次領聖體儀式的妓女們的中篇小說差不多完工了。我相信它至少可以和《脂肪球》相媲美，如果不肯說是更優秀些的話。

　　《泰利埃公館》寫的是一家妓院的老闆娘，帶領手下的全班人馬去參加姪女第一次領聖體儀式。妓院「暫停營業」，這可急壞了那幫常客，包括前市長、船主、鹹魚醃製商、收稅官和一個銀行家的兒子。但那班妓女卻得以忙裡偷閒地旅行一次，不勝歡樂。在車廂裡，在老闆娘弟弟的村子裡，到處都充滿著她們的歡聲笑語。

只是在教堂裡，在領聖體儀式進行中間，她們想起自己也有過純真的童年，不禁傷感涕泣。可這也只是一時的歸真返璞。

　　當晚，她們回到妓院，便重操舊業。達官貴人們聞訊趕來，氣氛之「熱烈」超乎往常。整個小說的調子似乎很輕鬆，但它把妓院的存在，妓女的生活，以及資產階級老爺們在這裡的種種醜惡表演和盤托出。這實在是對資產階級文明的大不敬。

　　莫泊桑在小說技巧方面的高深造詣，在這篇小說裡也再次得到充分的顯示。對妓女們在車廂裡與油滑的推銷員逗鬧，以及在教堂裡觸景傷懷等場面的描繪，都堪稱神來之筆。

　　《泰利埃公館》完稿以後，莫泊桑並不急於在報刊發表。他當時又完成了描寫埃特爾塔漁民的短篇小說《在海上》。莫泊桑要以這個中篇墊底，把一年來發表的幾個中短篇湊集起來，印成單行本，既可傳之久遠，又可以有雙重的收入，這當然更好。

　　於是莫泊桑開始為自己物色一位出版家。

　　左拉集團的《梅塘夜譚》是沙邦吉埃出版的，莫泊桑個人的《詩集》也是他出版的。但與沙邦吉埃這位大出版家聯繫的大作家很多，他不會特別關照剛露頭角的莫泊桑的。

　　精明的莫泊桑便有意繞過這個龐然大物。他對聖拉薩爾火車站一帶特別熟悉，那裡有一家小出版社，經理名不見經傳，叫維克托·亞華爾。

　　3月初的一天，莫泊桑徑直找上門去，恰逢那經理外出，便寫了一紙短籤，連同新作《泰利埃公館》和已發表的兩篇小說，放在這位經理的案頭，便回去靜候佳音。

短篇小說再創輝煌

亞華爾沒讓他久等，3月8日就寫了回信：

我親愛的作者，尊駕光臨時未能得見，甚感遺憾。不過，我愉快地拜讀了您留下的幾篇小說。正如您向我預言的那樣，《泰利埃公館》大膽得令人難以忍受；尤其是您所涉及的是一個充滿危險的領域，我想一定會掀起許多人的狂怒和虛偽的憤慨；但是，形式和才華在保佑它，情況就是這樣。

如果您不獲得一次卓越的成就，我所說的是銷售上的成就，而不是文學上的成就，就算我大錯特錯了。

由於您希望盡快出書，我一讀完，就把這3篇小說付印了。我謹請您確定一次會晤的時間，以便我們共同商定出書的日期。

莫泊桑來到亞華爾的辦公室。

「啊莫泊桑，我正想再寫信給你。你在報紙刊載的那些短篇小說，選擇幾篇精彩的出來，印成單行本怎麼樣？」

莫泊桑大喜：「好極了，就用「泰利埃公館」作為短篇小說集的書名好了。」

4月一個星期六早上，莫泊桑來到《勝利報》報社，覺得今天報社裡有些與平常異樣，安安靜靜的。他交了稿，與杜蒙聊了一會，臨走時被帶到會計科。

會計對他說：「莫泊桑先生，請核算一下。」

莫泊桑接過錢，對會計輕輕點了一下頭。這是當然的報酬。莫泊桑從沒有這樣忙碌過，兩家日刊報紙，以及雜誌和他本身的事，把他綁在巴黎不能動彈。不過，他現在也了解新作家的名聲如煙，容易消失，如果偷懶，今天閱讀他的小說的人，明天可能就忘了「莫泊桑」的名字。

為《勝利報》寫稿是刺激而愉快的。這份報紙輕鬆的風格，對莫泊桑有難以抗拒的魅力；它對人生的看法，吸引了莫泊桑的心，不知不覺受了它的影響——福樓拜非常欣賞的一些另類描寫，而寫出輕鬆、大膽、富於刺激性的短篇小說。

而且莫泊桑也慢慢發現，自己最成功的地方就在這裡，他的短篇小說具有別人無法模仿的獨創性，因此，他能夠從別的作家深刻處理的場面或人物中，表現出幽默和滑稽。

《勝利報》每週刊發一篇他的諷刺文，或戲謔文，或喜劇，或獨白劇。有時則是冷酷而苦澀的短篇小說，這時莫泊桑往往表現人們各種行為的動機，甚至達到人生的最深處。

1881 年 5 月，以《泰利埃公館》為書名的小說集由亞華爾出版社正式出版。排印過程中，莫泊桑又加上幾篇小說。這部小說集問世時，共收小說 8 篇：《泰利埃公館》、《一家人》、《在河上》、《一個農場女傭的故事》、《西蒙的爸爸》、《一次郊遊》、《春天》和《保爾的妻子》。

果不出亞華爾所料，《泰利埃公館》取得了空前的成就，在短短幾個月裡出了 12 版！亞華爾的出版社借此創出了牌子，而他給莫泊桑的經濟報酬當然也就特別慷慨。

大出版家沙邦吉埃很晚才意識到自己的錯誤，在 1882 年 11 月提出與莫泊桑簽訂出版合約。但莫泊桑此時名噪歐洲，身價已高。他以居高臨下的姿態答覆道：

原則上，我決意永遠不簽署最終合約。再說，我同阿瓦爾先生也只有個口頭協定。如果我要與您簽訂合約的話，只有與我從別處可以得到的同等條件下，我才會這樣做。

短篇小說再創輝煌

此時，莫泊桑的作品已經紛紛被譯介到了歐洲其他國家。而在俄國，因為得到屠格涅夫的推薦，傳播狀況更佳。

屠格涅夫原來並不賞識莫泊桑的創作，雖然福樓拜的這位老友與莫泊桑接觸較早也較多。1870 年代，他讀了莫泊桑一篇習作後曾斷言：「他永遠也不會有才華！」

自從《脂肪球》發表後，尤其是後來讀了《一家人》，他這才信服了：「看來他不是一顆一閃而滅的火星！」

事實上，自福樓拜死後，屠格涅夫主動地多方關懷著莫泊桑。既然是一個非常有前途的作者，那麼作為長者，屠格涅夫認為有責任幫助他、關心他。他主動關心莫泊桑，莫泊桑也虛心地向他請教。莫泊桑在寫《泰利埃公館》時，不知道小說中的水兵該唱些什麼歌，便去詢問屠格涅夫，並獲得了滿意的答覆。

在小說集《泰利埃公館》出版時的扉頁上，莫泊桑特別題寫了這樣的獻辭：

獻給伊萬‧屠格涅夫，以表深摯的感情和崇高的敬慕。
居伊‧德‧莫泊桑

就在這年晚些時候，屠格涅夫在俄國把一本法文版《泰利埃公館》送給了列夫‧托爾斯泰。

屠格涅夫不想對托爾斯泰的見解造成先入為主的影響，他似乎漫不經心地說：「隨便看一看吧，這是一位年輕的法國作家。讀讀看吧，還不壞。他知道您，而且非常尊崇您。」

托爾斯泰很快讀完這部小說集。他確信這位年輕作者具有「那種能在普通事物和生活現象中見到人所不能見到的特徵的天

賦注意力」。但他認為莫泊桑的這些作品具有「形式的美」和
「真實的愛憎感」，而「對所描寫的事物沒有正確的即道德的態
度」。這主要是針對《保爾的妻子》、《一次郊遊》等篇而言，
而《西蒙的爸爸》、《在河上》則博得了他的欣賞。

　　此後，托爾斯泰幾乎讀遍了莫泊桑的全部作品，他肯定莫泊
桑的長篇小說《一生》、《俊友》，更為莫泊桑的中短篇小說中
的大量佳作叫好，稱讚它們「鮮明地顯示了作者在其文學活動過
程中道德力量的成長」。

　　的確，小說集《泰利埃公館》絕不是莫泊桑中短篇小說創作
的高峰。在 1885 年前的幾年間，思想性和藝術性皆令人讚嘆的
中短篇小說源源湧現於莫泊桑的筆端，其數量之多、質量之高，
為文學史上的一大奇觀。

登上短篇之王寶座

1880 年代的前 5 年，莫泊桑的中短篇小說不僅數量多，而且質量高。

就在這時，莫泊桑前往北非，做了長達數月的旅行採訪。他目睹了法國殖民主義者無法無天的行徑給當地人們帶來的災難。未待回國，他就在《北非書簡》等專文中連連譴責法國對北非的殖民侵略，指出是財界巨頭們在操縱「戰爭鞦韆」。

1881 年 9 月的巴黎，因為下雨而涼爽舒適的傍晚，莫泊桑斜斜地戴著帽子，愉快地轉動著拐杖。重新與噪聲和群眾接觸，使莫泊桑很高興。阿爾及利亞引起了莫泊桑極大的興趣，他爬過阿特拉斯山，與兩個陸軍中尉在沙漠旅行了 20 天。

他的小說集《泰利埃公館》銷路依舊很好，回到家時，看到屠格涅夫寄來的信：「你在俄羅斯的名氣很大，能夠翻譯的已全部翻譯了，報紙對你狂熱地讚賞。」

「喂！莫泊桑！」

莫泊桑回頭一看，愛德蒙和蒲爾傑坐在艾第的店裡陽臺上，正在向他打招呼。

莫泊桑向他們走過去，與他們坐在同一張桌上。

愛德蒙伸出兩根手指，輕拍莫泊桑的背部，並玩著隨便纏繞的薄綢圍巾說：「你的妓女故事相當轟動啊！」

莫泊桑露出了微笑：「什麼？啊，你是說《泰利埃公館》？」

愛德蒙態度傲慢。而蒲爾傑說：「柳依諾侯爵夫人說，比《脂肪球》好。」

從一輛馬車上跳下一個人影，莫泊桑注意到愛德蒙皺了一下眉頭。

那是他們認識的記者梅茲羅瓦。他對另外兩個人略微點了一下頭，馬上就對莫泊桑說：「莫泊桑，我正在找你。聽說你出去旅行了？唉，損失慘重，丟掉了一個代筆人。」

梅茲羅瓦同時在許多報紙寫連載小說，他自己應付不了，就需要請人代筆，否則以他名字發表的文章就連載不下去了。

梅茲羅瓦可憐地說：「莫泊桑，現在只有你能夠救我了。」

莫泊桑不置可否地回答：「是嗎？」因為他也知道，梅茲羅瓦是名優秀的記者。

「我在《勝利報》連載的小說正進入高潮，但突然出事了。」

莫泊桑問：「是代筆的人死了？」

「不是，這個渾蛋罷工了，要求提高價錢，一行要 12 生丁，而且明天非交稿不可了。」

莫泊桑又問：「那你是什麼意思？喂，別著急，侍者，給這個人拿杯啤酒。」

「我的意思是，我另外還有 3 個連載中的小說，你替我寫本週份的好嗎？只有本週份就好。你要替讀者們著想啊！週五的早上，一邊吃著早餐，一邊等著看連載的小說。怎麼樣？答應嗎？」

莫泊桑看著他那著急的樣子，笑著說：「我答應了。」

登上短篇之王寶座

梅茲羅瓦大喜過望：「答應了？太好了！」他隨即從手臂下夾著的稿件中抽出了一沓，遞到莫泊桑手裡，「這是最近連載的內容，你從這裡連下去寫，1500字。下午我派人來拿，行不行？」

莫泊桑回答說：「那麼麻煩幹嘛，反正我也要到報社去的，杜蒙也在催我的稿呢，我一起送去吧！」

梅茲羅瓦喝了杯中酒，馬上站起身來，「我由衷地感謝你。在罷工消息還沒有在圈裡傳開，我得趕快找到其他的代筆人。」

莫泊桑微笑著看著他融入人群之中。

蒲爾傑正與愛德蒙談話，這時回過頭對莫泊桑說：「居伊，管他的閒事幹什麼？聽說這傢伙寫了一個長篇小說？」

莫泊桑回過頭說：「是兩部。他什麼都不放在心上，只是一心寫作。他本名叫特桑，是位男爵。」

蒲爾傑馬上變了臉色，他似乎很感興趣地追問莫泊桑：「你說的是真的？他真的是男爵？真的嗎？」

第二天，莫泊桑5時之前走進了《勝利報》報社。現在這份以大膽、通俗而聞名的地方娛樂報紙正聲譽日隆。

離開報社，隨後他又來到亞華爾的辦公室，

亞華爾說：「莫泊桑，我不但要把那些短篇結集出版，而且我還打算加入插圖出版。」

莫泊桑高興地說：「好極了。我這裡帶著的一篇是預備下週在《勝利報》刊載的《菲菲小姐》，就作為短篇小說集的書名吧！」

1882 年，莫泊桑的第二本短篇小說集《菲菲小姐》出版面世。

　　莫泊桑的中短篇小說的創作方法和藝術技巧，達到了空前的高峰。他尊重生活真實，力求深刻忠實地反映生活真實面貌。他幾乎只寫自己連泥土氣味都辨得出的地方。而青少年時代生活過的諾曼第省和成年後工作過的巴黎，是他必須寫的地方。他絕不寫自己不熟悉的人物，而他諳熟的諾曼第的農民、漁民、水手和巴黎的市民，是他必須寫的人物。

　　這一天，莫泊桑跳下了開往埃特爾塔的火車，在車站的圍欄那一邊，畢老頭駕著據說是當地最古老的小型馬車正等候著他。

　　莫泊桑把旅行箱交給老頭，立刻就叫道：「嘿，走！」

　　於是老頭就像多年前那樣，代替馬匹嘶叫。兩匹鹿毛駕馬抬著頭，搖著尾巴，快步奔向山岡的通路。

　　馬車「吱呀」晃動，幾乎要搖散架了，坐在脫離了底的坐席上的莫泊桑叫道：「呀！大海，我又見到大海了。」

　　莫泊桑終於獲得了一段時間的閒暇，《菲菲小姐》已經完成，連載部分也各交出了好幾份的稿子。此外，與亞華爾也做了最後的洽商。

　　重新回到了埃特爾塔的維爾基，讓莫泊桑興奮不已。母親洛爾看起來非常忙碌。在單獨旅行過科西嘉島和西西里島之後，她又回到了維爾基的諾曼第海岸，然後重新設計庭園，粉刷樓上的房間。

　　吃晚飯的時候，莫泊桑發現母親似乎表情有些異樣。

登上短篇之王寶座

「媽媽似乎不是特別歡迎我時常回來？」

洛爾笑著說：「你說對了，做母親的應該放開兒子，而兒子也應該讓母親自由，對吧？母子關係太緊密了，心靈上反而會疏遠。」

莫泊桑起身親著母親：「媽媽，你真偉大。」

洛爾看了兒子一眼：「我更喜歡你講科西嘉山賊的故事。」

莫泊桑說：「還是先不談那個。我是想在這裡蓋房子，就在離您這裡不遠的地方，我以海邊作為工作場所。」

洛爾心中一動：「那你喜歡格朗華爾嗎？」

莫泊桑知道，那裡與埃特爾塔方向相反，是母親陪嫁的土地。

洛爾繼續說：「怎麼樣？要是喜歡的話，就給你好了。」

莫泊桑高興得跳了起來：「真的嗎？我給您錢買下來吧！嗯，不錯，格朗華爾別墅，媽媽，那是我的夢想。您這裡有測量圖嗎？別墅就面朝著大海，庭園也要有這裡這麼大。土地總帳本在哪裡？」

莫泊桑立刻埋頭計劃建築別墅的事，並寫信給亞華爾，請他盡快寄錢來。莫泊桑的表兄路易·波華特凡放棄法律後就改行學美術了，他答應莫泊桑，等別墅蓋好後，由他負責裝飾門窗。

而仍然照看著墓地的歐布爾神父年紀已經非常老了，他向莫泊桑提供了有關排水方面的寶貴知識。

莫泊桑雖然周遊過不少國家，有著廣博的見聞，但是在他數百篇之多的長、中、短篇小說中，簡直就找不到異國題材的作

品。他絕不在作品中摻雜浮光掠影、走馬觀花的東西，而是嚴肅認真地對待自己的創作。

莫泊桑極其擅長從平凡的生活中把握住富有典型性的個別人物、事件或生活斷面，以小見大地反映出普遍的生活真實。在他筆下，一次騎馬，一次散步，一根繩子，一條項鍊，都能引出一場有聲有色的話劇，使人情世態真相畢露。他以其多樣性的藝術風格和強烈的人情味和愛國心，感動了成千上萬的讀者。

他的中短篇小說，在表現手法上並沒有一定的格式。非凡的多樣性正是其中短篇小說的最大藝術特點。他總是在內容和形式相統一的基本原則下，根據主題、題材和素材的不同情況，採用不同的表現形式：或悲劇，或喜劇，或鬧劇，或悲喜劇交替；或疾速，或徐緩，或不快不慢，或徐疾相間。

而值得稱道的是他在構思布局上的千變萬化。即使題材相似，在人物、情節、構思、立意、布局、格調等方面也別出心裁，各饒異趣。

他在《脂肪球》中顯示出的細節描寫的神奇本領，在後來的中短篇小說中得到了盡興的施展。在他的小說給予讀者的藝術享受中，精彩絕妙的細節描寫占有很大的比重。莫泊桑，堪稱中短篇小說的聖手奇才。

同時代的另一位文學鉅子安那托爾・佛朗士後來贈他以「短篇小說之王」的美稱。

嘗試長篇小說創作

以 1880 年《脂肪球》的發表為開端，莫泊桑作為中短篇小說作家的才能得到迅速而充分的顯示，並博得舉世公認。

文學即是人學。莫泊桑特定的人生觀和社會觀，使他注定擁有自己的讀者群。雖然，從嚴格意義上說，莫泊桑不是平民，但他深知資本主義條件下平民的悲哀，他們是世界上最可憐的人。莫泊桑同情下層人民的苦難，尤其對小職員生活和妓女生活題材，情有獨鍾。正是這些反映底層生活的作品，將莫泊桑與廣大的平民讀者聯繫起來。

他反對暴力革命，對 1870 年發生的巴黎公社革命表示疑問，他認為，「街壘並不比保爾和維吉妮的愛情故事更能解決人民的麵包問題」。他倡導等級制和自然法則，他公開聲稱：我只為貴族而寫作。當然他所說的貴族，不是狹義的貴族，而是「一個民族的真正有智慧的那一部分」。

莫泊桑看來，人生受不可知命運的左右，很難有所作為。因為，「我們什麼也不知道，什麼也看不到，什麼也辦不到，什麼也猜不到，什麼也想像不到，我們被封閉和禁錮在自我之中。」

有廣大的民眾做基礎，有相似價值觀的人們支持，莫泊桑的作家地位被永久地確立了。但是，莫泊桑並不僅僅滿足於做一個報紙專欄作家和短篇小說家，他還要在短篇成功之後，嘗試長篇小說的創作。因為在他看來，只有同時駕馭長短篇小說的人，才算是真正的作家。

恩師福樓拜 1873 年 2 月 23 日給莫泊桑母親洛爾的信中所說的話，言猶在耳：

我很希望能看見他寫一部長些的作品，哪怕寫得不好也無妨。

從那時起，莫泊桑就在自己內心說：「是的，我要寫長篇的作品，而且一定要寫出傑作來。我絕不能在長篇小說的創作上自認無能。」

事實上，在福樓拜的敦促和關懷下，莫泊桑幾年前就已著手構思一部長篇小說了。

1877 年 12 月 10 日，他向福樓拜匯報導：他將在第二年 1 月 15 日前後完成劇本《呂恩伯爵夫人的背叛》。然後他接著說：「我已經制訂了一部長篇小說的提綱，一旦劇本完成，我立刻就開始寫這部長篇。」而第二年 1 月 23 日，莫泊桑又欣喜地告訴母親：「我給福樓拜讀了我的長篇小說的提綱。他聽了非常興奮，對我說：『啊！真的，好極了，這是一部實實在在的長篇小說，構思得非常巧妙。』在正式動筆以前，我還要用一個月或一個半月的時間對提綱進行加工。」

這部長篇小說的寫作，對莫泊桑來說很不輕鬆。他甚至有過悲觀洩氣的時候：「親愛的大師，我許久沒有寫信給您，因為我在精神上已經完全垮了。」可是他依然在「頑強地寫我的長篇小說」。

莫泊桑一再提及的這部長篇小說，就是日後定名為《一生》的他的第一部長篇小說傑作。

莫泊桑寫到 1880 年底，這時，各種各樣的原因終於迫使他中途擱筆。起先是為調往公共教育部而奔波。調動成功後，想不

到他比在海軍部還要忙碌。

看來我注定要做這個部或那個部的犧牲品。我早晨 9 時 30 分到這裡，晚上 18 時離去。您可以想像，我的空閒時間很少。我距離我的長篇小說越來越遠，生怕臍帶要被割斷了。

隨後是忙於為報刊撰稿，為《梅塘夜譚》寫《脂肪球》。而《脂肪球》載譽後，他又得在中短篇的領域內連發幾槍，以便鞏固這塊陣地。如此這般，《一生》的寫作就擱淺下來。

在文學的戰場上，莫泊桑頗具策略家的膽識。中短篇小說的陣地既已占牢，他立刻集中力量進行長篇小說的攻堅戰。

1881 年 11 月北非之行歸來，他便幽居巴黎西郊的薩特魯維爾，斷絕一切交遊，埋頭寫作 6 個月，《一生》終於完成了。

這是傾注了莫泊桑心血的著作。他至少為這部小說創作了 4 份手稿，可見他曾多麼認真地反覆思索。

用莫泊桑自己的話說：

> 在長篇小說《一生》中，我並沒有想做其他的事，僅僅是在展示
> 構成一個女人生活的事件，她那交織著幻想、幻象和憂傷的一生。

《一生》透過對主角雅娜一生的生活經歷的描寫，揭露舊貴族家庭的衰落和解體，較深刻地反映了資產階級精神上的墮落和腐朽。

故事開端於 1819 年 5 月 2 日。17 歲的貴族少女雅娜在修道院寄宿 5 年以後，由父親德沃男爵接回家來。她不知道人世間的一切，急想嘗一嘗人生的幸福和歡樂。

在父母的疼愛和大自然的陶醉中，她幻想起愛情來。她想像

不出「他」將是個怎樣的人，只知道她會忠心耿耿地崇拜他，而他也會一心一意地喜歡她；他們將結合成一體，只憑相親相愛的力量就能滲透彼此內心最隱祕的活動。

湊巧，鄰近來了個德‧拉馬爾子爵，小名於連。他是在父親故世後回鄉重振家業的。一次他做完彌撒從教堂出來，經神父介紹，雅娜母女和這個年輕人相識了。

從此，於連常到雅娜家做客。他舉止談吐，一切都做得恰到好處，很快就博得雅娜一家的好感。當他求婚時，天真的雅娜不假思索便欣然接受。8 月 15 日就舉行婚禮了。

然而，洞房花燭之夜，也是雅娜純真的愛情幻想破滅之時。於連一改往日的溫柔，他那粗魯的肉慾使雅娜深感厭惡。在幾天後的蜜月旅行中，他在經濟上處處和人斤斤計較，更讓雅娜覺得羞恥。旅行歸來以後，他如同演員扮完一個角色後，恢復了平時面目似的，更少關心雅娜，連說話也很難得了。

於連接管了全家的財產，刁難農民，緊縮開支，甚至連外表也變成土財主一般，往日光彩的儀表已全無蹤影了。雅娜無可奈何地嘆道：「人生，可並不總是快樂的。」

沮喪的何止雅娜，連比雅娜大兩歲的使女蘿莎麗也失去了往日的活潑。雅娜問她是否病了，她總說：「沒什麼。」有一天，她倒在地上，痛苦地分娩了。

雅娜主張把那個應當對此負責的男人找出來，而於連卻決意把蘿莎麗和私生子趕走了事。

由於雅娜的堅持，蘿莎麗才留了下來。可是過了不久，一天

夜間，雅娜因身體不適，起床去喚蘿莎麗，卻發現蘿莎麗正睡在於連的床上。

一切都明白了，誘騙了蘿莎麗的竟是自己的丈夫！

雅娜痛不欲生，向海邊跑去，精疲力竭地倒在崖壁邊。

蘿莎麗離開了。不久，雅娜也生了一個男孩。她把兒子當成一切幸福的源泉。於連與鄰居福爾維勒伯爵夫人通姦，她漠然視之。但福爾維勒得知此事卻怒不可遏。在一個雨暴風狂的下午，於連和伯爵夫人幽會的活動小木屋被伯爵推下山坡，兩人雙雙慘死。

從此，雅娜把一切希望完全寄託在兒子保爾身上。她對保爾百般溺愛，反使他從小就走上了邪路。長大後，他更放蕩不羈，從事的商業冒險也一敗塗地，直把雅娜家弄得家破人亡。德沃男爵氣死了，長期與他們相依為命的麗松姨媽也去世了。

正當雅娜再也支持不住的時候，一個健壯的婦女出現在她身邊。原來是蘿莎麗！同瘦削而又憔悴的白髮婦人雅娜相比，蘿莎麗面色紅潤，魁梧有力。

原來，她後來嫁的丈夫去世了，現在與於連的私生子生活在一起。這孩子很好，有股衝勁，現已把她的農莊接過去。她不忘舊情，所以回到雅娜身邊來。從此她照顧和安慰雅娜，為她料理一切。

和保爾姘居的下流女人病死後，又是蘿莎麗去接回了孩子，並勸說浪子回頭。這位同樣歷盡磨難但恢復了自信的婦女，像是回答自己心中的問題似的，自語說：「您看，人生從來不像意想中那麼好，也不像意想中那麼壞。」

《一生》首先以連載的方式發表於 1883 年 2 月 15 日至 4 月 6 日的《吉爾‧布拉斯報》，一開始就引起強烈的反響。一時間，這家二流報紙竟成了最暢銷的報紙。

4 月裡，亞華爾緊接著出了單行本。儘管當時書市正處在全面蕭條時期，然而《一生》還是大獲成功：25,000 冊書在短短時間裡就銷售一空。在給老朋友的信中，莫泊桑興奮地寫道：

> 從公眾和報紙的反應，我意識到我已經取得完全的成功。

然而，《一生》的成功並不一帆風順。小說由於對上流社會及其隱私的暴露，觸犯上流社會及其書刊檢察官們的「痛處」而被譴責。

有個叫勒內‧貝朗瑞的議員以「道德秩序」的名義對《一生》大加譴責。政府於是把《一生》列為禁書。就連最無所顧忌的各大樞紐書亭也不敢「違法亂紀」。

不過，在《一生》獲得的巨大成功面前，面對著巨大利潤的誘惑，書商們不久也就收起了他們的「廉恥心」。在各個車站書店的櫥窗裡，《一生》又一次驕傲地出現在人們的視線中。

還在 1882 年 3 月 2 日，也就是莫泊桑進行長篇小說《一生》的攻堅戰的決定性時刻，他收到當時法國最權威的實證主義文藝理論家、《藝術哲學》的作者伊波利特‧丹納的一封來信。

福樓拜的這位文壇好友剛剛讀了小說集《泰利埃公館》。他在信中高度讚揚莫泊桑作為作家的「基本才能」，同時他也以理論家的身分向莫泊桑委婉地提出批評：

您現在描寫農民、小市民、工人、大學生和妓女。想必有一天您
還會描寫文明的階級，上層資產者、工程師、醫生、教授、大工
業家和大商人。

在我看來，文學是一種力量；一個生來富裕、身為三四代正直、
勤勞、高貴家庭後裔的人，有更多的機會成為誠實、優雅、有教
養的人，榮譽和智慧或多或少總是溫室裡的花朵。

這種道理很有些貴族味道，但這是實驗證明了的。如果您的才能
將來以那些富有文化和感情，因而被國家視為光榮和力量的男女
為對象，我將深感欣慰。

顯然，丹納先生不願意看到莫泊桑筆下上流社會的卑汙和墮
落，他認為那個由「誠實、優雅、有教養」的人組成的階級，應
該與榮譽、希望和力量永遠聯繫在一起。

但是，莫泊桑讓丹納先生失望了，莫泊桑的《一生》寫的正是
上流社會，無須丹納先生指點。至於如何描寫上流社會，莫泊桑自
有主見。他在《一生》中描繪的上流社會景象絕不美妙，但這部作
品卻正因此而具有了思想的深度和藝術的感染力，從而確定了它在
文學史上的地位。在《一生》的正文之前，題著這樣幾個字：

謙恭的真實。

莫泊桑並非對上流社會有什麼精闢的理論，主要是他不得不
尊重生活和真實，因為是生活本身成就了他。

與巴爾扎克、司湯達的小說比較，莫泊桑的《一生》對它所
寫的那個時期，復辟王朝和七月王朝時期的法國社會環境的描寫
十分單薄，只有寥寥幾筆。但是，時代的潮流、時代的特點、時

代的基本關係，卻透過小說中人物命運的變遷清楚地反映出來。

故事平鋪直敘，絲毫沒有剪裁的痕跡，卻充分發揮了莫泊桑在「白描」技巧上的特長，使小說達到了「以單純的真實來感動人心」的藝術效果。加之作者善於運用富有鄉土味的優美散文，展示他最熟悉的諾曼第傍海村莊的迷人景色和人情風俗，更增添了小說的魅力。

釀成雅娜生活悲劇的並不是個人際遇中的偶然因素：她偏偏嫁了於連這麼個禽獸般的丈夫，生了保爾這麼個不爭氣的兒子；而追根究柢是社會歷史條件。無論是於連的性格和作風的市儈化，還是雅娜的田園牧歌式生活理想的破滅及德沃男爵古老貴族家庭的解體，都是當時伴隨著資本主義生產關係對農村的侵入，資產階級道德觀念和生活方式對貴族文化傳統無情衝擊的結果，反映了一種歷史的必然性。從這個意義上來說，《一生》不愧是一部具有深刻社會內涵的作品。

在這些文學形象中，特別融會著莫泊桑自己的家人家事。他是以自己的父母為原形創作的作品。這也是《一生》的主角雅娜和圍繞著她的一些人物的故事使人有高度真實感的一個重要原因。而雅娜，就是他飽經滄桑的母親洛爾的化身。

洛爾生長於資產者家庭，受過良好的教育，天生聰明美麗，為了虛榮，嫁給了徒有虛名的貴族公子哥居斯塔夫。她婚後生活很不幸福，經常遭受丈夫的掠奪和虐待。

關於這一點，莫泊桑一點也不隱諱。1889 年 8 月，莫泊桑在一封信中談到他的母親時感嘆道：

唉！可憐的女人，她結婚以後就不斷地經受傷害、折磨和虐待。

在連遭不幸的雅娜身上，人們看到的正是洛爾的影像。據洛爾的一位知心好友回憶，像雅娜一樣，早在蜜月旅行中，洛爾就發現了丈夫的種種缺點，預感到他們夫妻間未來的不和：「首先，這位外表闊綽的紳士對下等人表現出庸俗的態度，他處心積慮地剋扣他們的小費，並且總是擔心是否已經給得夠多了。」

莫泊桑十分同情母親，懼怕、憎惡父親。作品中於連這一形象，就是父親在莫泊桑心目中的形象。他狂放不羈，吃喝玩樂，無所不為；他不僅把自己的財產吃光花淨，還剋扣妻子兒子的財產。

無論在家鄉諾曼第還是在巴黎，居斯塔夫走到哪裡便放蕩到哪裡，在這一方面他比小說中的於連有過之而無不及。

洛爾還像雅娜那樣，有一個不肖的兒子，那就是她的次子艾爾維。

1877 年，艾爾維入伍，在布列塔尼省的一支騎兵部隊裡任士官。1880 年，他一調駐巴黎，就開始惹是生非。後來，他竟擅離部隊，吃喝嫖賭，以致負債纍纍，給莫泊桑帶來不少麻煩。

1880 年 10 月，莫泊桑陪母親在科西嘉島療養的時候，在給住在埃特爾塔的表姐呂茜的一封信中氣憤地寫道：

> 我母親此刻精神上十分痛苦，身體完全垮了。艾爾維對她的態度像一個壞蛋，常打電報逼她為他還債。另外，他還拒絕回部隊，不斷在巴黎欠下新債，而且提出種種條件。他簡直是個渾蛋和無賴。我給他寄去 300 法郎，他既不說一聲謝謝，也不回信說收到了。

我為什麼要對你說這些呢？因為我母親現在要把他打發到埃特爾塔去，她管他 3 個月的飯吃。如果到時他還找不到個地方餬口，那就完全斷絕對他的生活供應。她懇切地請你躲開他，尤其是不要借錢給他，因為他只想著向人借錢。

雅娜的一切不幸，都實際發生在莫泊桑自己生母的身上。難怪他寫來是那樣繪聲繪色、情真意切，引人共鳴。當然，洛爾不是雅娜，雅娜也不是洛爾，她是 19 世紀末法國資產階級日甚一日衝擊貴族階級的歷史寫照，是貴族階級讓位給資產階級的必然結果。雅娜的悲劇是貴族階級滅亡的輓歌。

創作長篇傳世之作

　　莫泊桑要寫出長篇小說傑作的宏願成功實現了。至少在法國文學史上，像莫泊桑這樣，在長篇、中篇、短篇小說三方面都做出傑出成就、都有傑作傳世的作家，是極其罕見的。何況，《一生》僅僅是莫泊桑長篇小說創作成功的一個開端。

　　1884 年 6 月到 10 月，莫泊桑在埃特爾塔度過了整整 5 個月最舒暢時光。落成剛剛一年的吉萊特令他心曠神怡。溫柔沉靜的艾米諾的「戀人般的友誼」使他感到異樣的甜美。

　　而尤其令他得意的是，長篇小說《俊友》在這短時間裡一氣呵成。要知道，他的第一部長篇小說《一生》卻斷斷續續差不多用了 5 年時間才寫成。

　　1884 年 10 月 26 日清晨，莫泊桑寫完了《俊友》這最後的轟轟烈烈的鬧劇場面，就像一年前吉萊特竣工時那樣興奮。

　　10 月底，莫泊桑從埃特爾塔回到了巴黎。許多事等他去做：為報刊撰寫定期刊載的稿件；為亞華爾編寫新的短篇小說集；一次又一次地應召去戛納探望重病的母親。可他還是抽時間把已經成稿的《俊友》認真潤色了一遍。

　　像《一生》一樣，這部長篇新作也將先在《吉爾‧布拉斯報》上連載。

　　1885 年 4 月 4 日，莫泊桑交完稿，立刻起程去戛納，然後由那裡去義大利做一次盼望已久的旅行。由作家昂利‧阿米克和畫

家勒格朗、瑞爾威3人做伴，莫泊桑在義大利漫遊了大約一個月的時間。在威尼斯，他欣賞了偉大的畫家提也波洛和委羅內塞的珍貴遺作；在羅馬，他與美第奇學院的學生們共進過晚餐；在西西里島的首府巴靳莫，他參觀過著名的嘉布遣小兄弟會會士的墓地和大音樂家華格納完成他最後一部歌劇《帕西法爾》的那所住宅……

在莫泊桑看來，文明古國義大利自然是美不勝收。但是，按照預計，《吉爾·布拉斯報》應從4月6日至5月30日連載完《俊友》的全文，阿瓦爾出版社的單行本也該在5月中旬問世。外界對這部小說的反映如何，不能不令他有懸念。

如果說，他的第一部長篇《一生》仍然侷限在個人生活這個較狹窄的範圍內，那麼，他在1885年5月11日出版的第二部長篇《俊友》就把目光投向新聞界和政界，具有豐富得多的內容，堪稱一部揭露深刻、諷刺犀利的社會小說。

農民出身的杜洛瓦膽大妄為，冷酷殘忍，憑藉漂亮外表獨闖巴黎，廝混於巴黎貴夫人的圈內，如魚得水，演出了一幕幕荒淫的鬧劇。

而那些戴著綠帽子的丈夫們卻爭相舉薦、提攜他，使他很快步入上流社會，成了一個政治暴發戶。小說揭示了上流社會的空虛、荒淫、墮落，展現了資產階級政客的厚顏無恥，揭露了政治界、新聞界黑暗的內幕，對黑暗的社會現實進行了有力的批判。這部小說在世界上有著十分深廣的影響，具有很強的現實意義。

首先，《俊友》暴露了當時新聞界的黑幕。報紙從它誕生之

日起，就是各個階級和黨派鬥爭的工具和喉舌。巴爾扎克在半個世紀以前寫出的《幻滅》，已經揭露過報紙在製造社會輿論上的巨大作用。莫泊桑的揭露大大前進一步。

在《俊友》中，報紙是操縱在財閥和政客手中的工具，《法蘭西生活報》的後臺老闆是一批眾議員，被稱為「瓦爾特幫」。瓦爾特是一個實力雄厚的南方猶太富商，身為眾議院議員，他在議院形成一股強大的勢力。他是金融家，善於利用政治進行投機。

瓦爾特深諳報紙的作用，創辦了《法蘭西生活報》。用他的話來說，他的報紙是半官方性質的。他巧妙地讓這份報紙容納各種思想，讓包括天主教的、自由主義的、共和派的、奧爾良派的思想同時並存。並非他沒有任何政治主張，他只是以此來掩蓋自己的真正目的。他創辦這份報紙，是為了支持他的投機事業和他的各種企業。

由於瓦爾特手段高明，消息靈通，使《法蘭西生活報》身價大增，巴黎和外省的所有報紙都對它刮目相看，從它那裡尋找消息，引用它的文章，它最後成了內閣的喉舌。

小說生動地描寫了瓦爾特幫如何利用這份報紙操縱政局：為了讓他們當中的重要成員拉羅舍·馬蒂厄上臺，瓦爾特利用報紙製造輿論，實現了倒閣陰謀，拉羅舍·馬蒂厄終於當上了外交部長。這個人物是典型的政客，他既沒有膽略，也沒有真才實學，表面擁護共和，其實是個自由主義分子，從來不擇手段。這種人如同獸糞上生長出來的毒菌。

實際上，拉羅舍・馬蒂厄只是瓦爾特幫在政治上出頭露面的代表而已，一旦他的生活醜聞暴露以後，瓦爾特便不留情面地一腳把他踢開。由財閥操縱報紙，在政界和投機事業上大顯身手，這就是《俊友》所揭示的第三共和國的報界黑幕。

　　拉法格對莫泊桑「勇敢揭開帷幕的一角，暴露巴黎資產階級報界的貪汙和無恥」，表示極大的讚賞。

　　6月1日，當他從西西里島返抵羅馬時，收到近期從國內來的郵件，他才知道《俊友》在巴黎激起的反響遠遠超過他的預料。

　　《俊友》的尖銳揭露引起了強烈反應，新聞界的反應最是強硬，已有好幾家報紙發出了抗議的吼聲，有人攻擊莫泊桑在影射某份報紙及其主編。

　　莫泊桑作了針鋒相對的回答，指出報紙的勢力伸展到四面八方，「在那裡可以找到一切，也可以利用它無所不為」。他並不諱言《法蘭西生活報》由一幫政治投機者和掠奪金錢的人所把持，「不幸的是現實生活中就有幾份這樣的報紙」。

　　莫泊桑同好幾份報紙有著密切的關係，他是否影射這幾份報紙不得而知，但毫無疑問，他對報紙的種種黑幕是瞭如指掌的。好在他描寫的人物是一種典型的概括，同真人真事有很大距離，因而沒有引起進一步的麻煩。

　　巴黎報紙針對《俊友》的聒噪，並沒有使莫泊桑驚慌或者沮喪；相反，他暗自心喜，因為他一向把批評家們的攻擊視為最見效的廣告。

創作長篇傳世之作

　　小說更揭露了當時法國政府的殖民地政策。從 1880 年至 1885 年，法國公眾對殖民地問題十分關注，因為在最初 3 年，法國政府在非洲和亞洲地區採取了一系列行動，尤其是茹費理對突尼西亞的干預最引人注目。

　　在這期間，巴黎交易所的行情出現極大波動，由此引發的財政投機異常活躍。這些投機活動與政客、政府成員、參議員或眾議員密切相關。例如茹費理的兄弟查爾斯‧費理在法國的埃及銀行中擁有股份，而這家銀行在突尼西亞開設了分號，參與創立了突尼西亞的土地信貸，大發橫財。又如參議員古安，在西格弗里德銀行的支持下製造火車頭，參加建設突尼西亞的博納至蓋爾瑪鐵路。

　　莫泊桑對當時的政局十分關注，他在《高盧人報》和《吉爾‧布拉斯報》上發表了不少文章，揭露遠征突尼西亞的計劃、殖民者在阿爾及利亞的敲詐勒索、政治家的貪婪等，他指出當局打著愛國的旗號進行殖民擴張政策，具有極大的欺騙性。

　　莫泊桑並沒有簡單地把現實問題搬進小說中。他以摩洛哥來代替突尼西亞，但是讀者卻非常清楚他寫的是何處的局勢。

　　莫泊桑的高明之處還在於把法國政府對突尼西亞內政的干預，以致將突尼西亞變為保護國的行動當做背景來寫，而突出這一軍事行動跟公債行情漲落所造成的結果。

　　小說描寫瓦爾特在報上散布政府不會採取軍事行動的煙幕，大量收購公債，一夜之間賺了三四千萬法郎；另外他還在銅礦、鐵礦和土地交易中撈到了大約一千萬法郎。「幾天之內，他就

成了世界主宰之一，萬能的金融寡頭之一，比國王的力量還要大。」

　　莫泊桑的描寫揭示了資產者利用政治局勢大發橫財的現象，揭露之深刻是空前的。司湯達雖然認識到「銀行家處於國家的中心，資產階級取代了貴族在聖日耳曼區的位置，銀行家就是資產階級的貴族」，但他在《呂西安·勒萬》中只寫到銀行家與政治的一般關係，還沒有像莫泊桑那樣生動而具體地描寫金融家利用政治局勢激增財產。巴爾扎克在《戈布賽克》、《紐沁根銀行》中寫過金融家對政局的操縱，但也只是泛泛提及，缺少深入具體的描寫。

　　由此看來，《俊友》有關這方面的描繪，無疑反映了重大的社會現象，是對 19 世紀上半葉現實主義文學的一大發展。

　　歷來的批評家都認為莫泊桑的短篇小說在思想內容上還缺乏深刻性，他的其餘 5 部長篇也有這個缺陷。可是，《俊友》就其涉及的內容之廣，就其揭露政治和金融之間關係的內幕之深，就其對報紙作為黨派鬥爭工具以及記者如何炮製新聞、利用報導作為廣告、能自由進出劇院和遊樂場所等抨擊之烈而言，明顯地突破了莫泊桑不觸及重大政治問題和重要社會現象的一貫寫法。

　　在思想內容上，《俊友》完全可以跟司湯達、巴爾扎克和福樓拜的作品相媲美。

　　評論家認為：

《俊友》產生在代表著第三共和國歷史特點的投機活動第一個重
要時期最輝煌的時刻，堪稱是這一時期重大事件所孕育的傑作。

　　這個評價是恰如其分的。正因為這部小說具有巨大的歷史價值，所以恩格斯表示要向莫泊桑「脫帽致敬」。

　　小說的優秀之處，還在於塑造了一個現代冒險家的典型。這個冒險家不是在東方的殖民地進行投機活動的人物，而是不擇手段爬上去，在短時期內飛黃騰達，獲得巨額財產和令人注目的社會地位的無恥之徒。

　　用莫泊桑的話來說：

　　這是一個冒險家的生平，他就像我們每天在巴黎擦肩而過，在現今的各種職業中遇到的那種人。

　　莫泊桑寫出了這種人物是如何產生的：這是在當時的歷史條件下，人物的特殊經歷和他的性格相結合的產物。杜洛瓦在北非的殖民軍裡待過，練就了殘酷殺人的硬心腸。有一次去搶劫，他和同伴斷送了 3 個當地部族人的性命，搶到了 20 隻母雞、兩隻綿羊和一些金子。

　　他在巴黎回想起這段經歷時還露出一絲殘忍而得意的微笑。他覺得自己心裡保存著在殖民地肆意妄為的士官的全部本能。同時他又是一個機靈鬼、一個能隨機應變的人。殘忍而邪惡的經驗與他狡點的個性相結合，在巴黎這個冒險家的樂園裡，便滋生出這樣的野心家。

　　杜洛瓦的如願以償，在於他抓住了兩個機會。第一個機會在報館。莫泊桑認為，「他利用報紙，就像一個小偷利用一架梯子那樣」。如果說，他以自身經歷為內容的《非洲服役散記》恰巧適應了當時的政治需要，那麼待他熟悉了報社業務，便直接參與

倒閣陰謀，舞文弄墨，大顯神通，成為瓦爾特幫重要的筆桿子，受到了老闆的賞識與提拔，當上了「社會新聞欄」的主筆。

　　然而，杜洛瓦在報館的青雲直上還得益於和女人的關係。利用女人發跡是杜洛瓦的第二個、也是最具有特色的手段。

　　杜洛瓦的本錢是有一副漂亮的外表，在女人眼中，他是個「俊友」。他敏感地發現原政治版主筆、病入膏肓的福雷斯蒂埃的妻子瑪德萊娜與政界人物交往頻繁，文筆老練，抓住她便可在報館站穩腳跟。於是他大膽地向她表示，他願意在她丈夫死後取而代之。他果然如願以償，當上了政治版主筆，成為新聞界的知名人物。

　　與此同時，瓦爾特的妻子成了杜洛瓦的情婦，他在瓦爾特身邊有了一個人替他說好話。接著，由於倒閣成功，杜洛瓦獲得十字勳章，他的姓氏變成了有貴族標記的杜‧洛瓦。但當杜洛瓦得知瓦爾特和拉羅舍‧馬蒂厄發了大財，自己只分得一點殘羹以後，頓時勃然大怒，一個計劃在他心裡醞釀成熟了。

　　杜洛瓦毅然地拋棄了瓦爾特的妻子。隨後他偵察到自己妻子的詭祕行動，導演了一場捉姦的鬧劇，一下子把拉羅舍‧馬蒂厄打倒了，又與妻子離了婚。最後，杜洛瓦一步步接近瓦爾特的小女兒蘇珊，把她拐跑，威逼瓦爾特夫婦同意他娶蘇珊。

　　老奸巨猾的瓦爾特雖然氣惱，但頭腦是清醒的。他認識到杜洛瓦並非等閒之輩，此人將來一定能當上議員和部長。他感到不如息事寧人，順從杜洛瓦的意願，因此不顧妻子的堅決反對，應允了杜洛瓦提出的要求。

創作長篇傳世之作

在杜洛瓦盛大的婚宴上，教士用近乎諂媚的詞句向他祝福：

你們是世間最幸福的人，你們最為富有，也最受尊敬。特別是您，先生，您才華超群，並透過您的道德文章而給芸芸眾生指點和啟迪，成為民眾的引路人。您身上肩負著偉大的使命，您要為他們做出表率來。

教士的話代表社會、官方對這個流氓惡棍式的冒險家的成功表示讚許，但從中也透露出作者無情的、辛辣的諷刺與抨擊！

杜洛瓦的形象不禁令人想起巴爾扎克在《幻滅》中描寫的青年野心家呂西安。

呂西安是個失敗者，因為他缺乏的正是杜洛瓦的無恥和不擇手段。同樣被美色所迷醉，呂西安卻不能自拔，以致被敵人利用，終於身敗名裂。而杜洛瓦卻能駕馭其上，一旦他的情慾得到滿足，即使將情婦拋棄也在所不惜；女人只是他尋歡作樂和向上爬的工具。呂西安將自己對女人的追求公之於眾，而杜洛瓦卻在暗地裡進行，既大膽又無恥。他同時和幾個女人保持通姦關係，更顯出他靈魂的卑鄙。

當杜洛瓦得知妻子接受了一大筆遺產以後，起先悶悶不樂，隨後他厚顏無恥地要分享一半。他對金錢的渴求胃口越來越大，這一點又是呂西安無法比肩的。

杜洛瓦看到社會上充斥弱肉強食的現象，上流社會的人物道貌岸然，骨子裡卻是男盜女娼，外交部長拉羅舍·馬蒂厄就是一個代表。他於是也奉行這種強盜與偽君子的哲學。必須凌駕一切，就是他的座右銘。

小說結尾，杜洛瓦爬到了社會的上層。

杜洛瓦無疑是資產階級政客的典型，他的寡廉鮮恥達到了無以復加的地步。莫泊桑把法國文學中常見的「戴綠帽子」的題材與描寫資產階級政客的發跡結合起來，以刻劃他們的醜惡靈魂，這是別出心裁的創造。

莫泊桑在《論小說》一文中指出：

一個優秀的藝術家要寫出感情和情慾是怎樣發展的，在各個社會階層裡人是怎樣相愛、怎樣結仇、怎樣鬥爭的；資產階級利益、金錢利益、家庭利益、政治利益，是怎樣相互交戰的。

莫泊桑在《俊友》中就是這樣描寫的。他透過一個冒險家發跡的經歷，深刻地揭示了第三共和國的政治、經濟的複雜現象。《俊友》不愧為 19 世紀末葉法國社會的一幅歷史畫卷。

莫泊桑同自然主義有千絲萬縷的聯繫，而又保持了嚴格的現實主義寫作方法。一方面，他認為藝術家不能把生活平庸地攝取下來，而要對現實做出更全面、更鮮明、更深刻的描畫；這種描畫要具有詩意，富於感情色彩，或者是歡樂的，或者是憂鬱的。

他是自然主義小說家之中唯一對文體美懷有最大興趣的。在遣詞造句上，他做到了樸實、簡潔、準確，並且一以貫之。

《俊友》是標誌莫泊桑長篇小說最高成就的作品，也是他最為暢銷的作品。小說在短短 4 個月內就出版了 37 版，其銷路之暢銷堪與左拉的《小酒店》媲美。

《俊友》進一步證實了莫泊桑在長篇小說創作方面的出色才能。與第一部長篇小說《一生》相比，《俊友》不僅篇幅大、人

創作長篇傳世之作

物多、線索複雜，表現出作家駕馭鴻篇巨製的精湛技藝，而且在反映社會現實的廣度和深度上都有長足的進步。

正如莫泊桑自己驕傲地宣稱的：

我像流星一樣進入文壇，給 19 世紀末葉的法國文壇帶來了耀眼的光輝和燦爛。

從此，莫泊桑的影響遍及全世界，每當提起莫泊桑三個字，人們不禁便想到那個曾經以《脂肪球》聞名於世界的法國短篇之王，那個在短短的 20 多年裡創作了如此之多作品的聖手奇才。

寫作《溫泉》弟弟結婚

　　1885 年 6 月初，莫泊桑從義大利歸來。既然《俊友》已印行了 37 版，而且隨著雨果逝世的衝擊波逐漸退去，銷售量已經回升，巴黎也就沒有什麼令他煩心的事了。

　　在短篇小說方面已達到公認的前所未有高度的莫泊桑，在《一生》和《俊友》連連報捷以後，已決定把創作的重點轉移到長篇小說上來。

　　1885 年的 7 月底，莫泊桑因為城市的喧囂，來到了沙泰爾吉雍鎮。這裡是著名的溫泉用地，泉水的礦物質含量較高，對許多疾病具有很好的治療作用。莫泊桑到這裡來也有療養的目的在內。

　　莫泊桑一邊療養，一邊專心構思他未來的小說《溫泉》。這時候，左拉正住在 80 英里外的道爾山的一家旅館裡為寫他的類似題材的小說而實地觀察、採訪，大做筆記呢！不過，莫泊桑捷足先登。待他的《溫泉》發表時，依然在累積材料的左拉便放棄了自己的計劃。

　　莫泊桑在那裡很快就發現了兩個獵物，這兩個美貌而神祕的女子的奇異表現，令莫泊桑感到好奇。於是他設法接近她們，幾天後，他們就成了「好朋友」。10 餘天後，莫泊桑的體重就減了1,000 克。

　　1885 年 8 月中旬，《溫泉》的構思大抵完成，莫泊桑便返回巴黎。巴黎瘋狂、混亂的生活依然不容許他靜心寫作長篇：今天

寫作《溫泉》弟弟結婚

瑪蒂爾德公主邀他去聖格拉蒂安做客；明天朋友們拉他去諾曼第打獵；除了在巴黎的多頭「戀愛」外，還要去埃特爾塔看望溫柔的艾米諾。

他與艾米諾從 1883 年結識於埃特爾塔以來，始終保持著親密的友誼。

直至這年年底，莫泊桑照例到南部地中海沿海過冬時，才得以精力集中地進行《溫泉》的寫作。

母親住在戛納。莫泊桑則在離戛納 10 英里的昂第勃城擁有一座別墅。他在客廳裡工作，一張獨腳的圓桌權當書桌。他整個上午都閉門寫作。他在客廳裡踱來踱去，待到把句子完全思索停當，便坐下來揮筆疾書，寫罷又離案踱步，週而復始。就這樣，長篇小說《溫泉》穩步地進展著。

夏天炎熱的日子急速過去，午後是莫泊桑的戶外活動時間。他有時在院子裡練習手槍射擊，與克麗牡一起看著老克修剪草坪。有時他去林中散步，但更多的時間是去海上駕駛帆船。

莫泊桑在 1883 年購買的一艘白色「小路易絲號」剛剛被一艘帆船所取代。這大船是小說家兼記者保爾・索尼埃爾轉讓給他的。帆船原來以索尼埃爾的代表作「長劍」命名，現在莫泊桑如法炮製，將船更名為「俊友號」。

午飯後，當莫泊桑興沖沖地來到「俊友號」停泊的桑麗灣時，貝爾納早已把「俊友號」的旗幟升在桿頭。主僕二人立即熟練地操縱著風帆，駛向一望無垠的碧藍的地中海。他們根據風向決定航線，有時西至戛納，有時東至尼斯。每天下午，數 10 英

里的水域上總可見到「俊友號」矯健的身影。

　　莫泊桑並不在哪裡登岸，只為在海上漫遊。莫泊桑之樂，在乎雲水之間。到了深夜，莫泊桑就在漁夫家與老朋友們聊天，或與他們喝杯酒才回家。

　　1886 年 1 月上旬的一天早晨，莫泊桑接到母親從戛納寫來的信，說艾爾維就要結婚了。

　　不爭氣的弟弟，在軍隊裡混到中士就退伍了。近年來，他一直住在昂蒂勃，靠哥哥在經濟上的幫助，在這自然條件得天獨厚的園藝之城玩花弄草。雖說他依舊是不務正業，但總算是劣跡稍斂。莫泊桑自己把婚姻視為枷鎖，聽說弟弟要成家，卻喜出望外。在他看來，這是野馬歸槽的前兆。

　　「弗朗索瓦，叫馬車！走，去給艾爾維買一件禮物。還有，買安第普的車票，明天跟我一起去南部。」莫泊桑不由分說就拉著莫名其妙的弗朗索瓦出門而去。

　　1 月 19 日，艾爾維和瑪麗‧苔萊絲‧芳同‧德‧艾東舉行了隆重的婚禮。

　　從教堂出來，莫泊桑若無其事地提議：「走格拉斯路好嗎？並沒有繞太遠。我去那裡辦一件小事。我和媽先走，你們隨後跟著。」

　　母親和新婚夫婦當然都無異議。在格拉斯路的一道柵門外，莫泊桑和母親的馬車先停下，艾爾維和新娘乘的馬車也隨後停下。

　　艾爾維問：「居伊，停在這裡做什麼？」

　　莫泊桑回答：「進去，給你看一樣東西。」

寫作《溫泉》弟弟結婚

洛爾說：「居伊，到底怎麼了？客人會奇怪我們到什麼地方去了。」

莫泊桑輕輕拍著母親的手，拉著她下了馬車：「放心吧，媽媽。」

他帶著母親和新婚夫婦推開柵門走進去。那是一個很大的植物園，有大片大片的花壇，還有苗圃、溫室。雖值冬季，這裡卻是百花競妍。

艾爾維讚羨地說：「天呀！誰家這樣大的植物園？」

莫泊桑誠懇地說：「艾爾維，這是我送給你們的禮物，包含著我由衷的愛。你成了家，也該立業。好好做一個園藝家吧，經營好這個植物園。可以把種的花運到戛納、尼斯、芒東去賣。」

洛爾對莫泊桑說：「謝謝，你太好了。這是他長久以來的夢想。」

艾爾維的眼圈濕潤了：「給我？居伊，這要費你很多錢啊！等你結婚了，就到昂蒂勃來，和我們住在一起吧！」

然而莫泊桑只淡然一笑。他知道，自己注定終身是一個飄零的孤獨者。

1886年3月，莫泊桑在昂蒂勃把《溫泉》基本完稿。是年7月，他再一次前往沙泰爾吉雍，核實小說中的某些景物描寫，以便定稿。同年12月下旬，小說開始在《吉爾·布拉斯報》連載。轉年1月，阿瓦爾版單行本就出現於書市。

《溫泉》把《一生》和《俊友》的主題融合。書中將昂德瑪持和奧里奧爾一些人追求金錢利益的角逐寫得繪聲繪色，只是其

社會諷刺的鋒芒不如《俊友》那樣犀利。像《一生》中的雅娜一樣，被騙、受害的孱弱女子克莉絲蒂娜的悲劇也寫得哀婉動人。作家對奧弗涅大平原、多姆山脈、昂瓦爾峽谷、塔茲納湖等自然景物的多彩多姿的描繪，更給人強烈的藝術享受。

但是，與《一生》相比，莫泊桑對他所描寫的現象的道德態度卻大大降低了。

莫泊桑的忠僕弗朗索瓦·塔薩爾後來這樣對人說：「《溫泉》就是波托卡伯爵夫人。」

莫泊桑一直游弋於上流社會的淑女貴婦們之間。

波托卡伯爵夫人是莫泊桑熱戀過的又一個上流社會女子。她祖母是英國人，父親是義大利的一個大顯貴，丈夫是奧匈帝國駐法國大使館的隨員。她自由無羈，在巴黎弗里蘭路擁有一座豪華的公館。她具有一般女人所缺少的強壯，渾身散發出一種獨特的美。她那彷彿古希臘人的容貌不知令多少巴黎上流社會男子心蕩神迷。

她經常召一群追慕者在家裡晚宴取樂，其中有作家、醫生、政治家等各界名流。她說只要她願意，她可以召集法蘭西學士院的所有院士。她依恃自己的美色，對追慕者極盡捉弄之能事，有時甚至達到殘酷的程度，所以又有「美人魚」的外號。

他們至少在《一生》寫作期間就已相識。而波托卡伯爵夫人一定和莫泊桑談過這部小說，並發表過意見。

1883 年《一生》出版後，莫泊桑在給波托卡夫人的信中寫道：

寫作《溫泉》弟弟結婚

夫人，《一生》銷售情況極好，再沒有什麼比這次的成功更令我
滿意的了。您可知道，我的成功大部分都應歸功於您？我要屈膝
下跪來向您表示感謝。

這位任性的少婦，出身貴族世家，有著非同一般的文化素養
和藝術鑒賞力。莫泊桑不久就按捺不住自己的愛慕之情。他獻一
把摺扇，並在題詩中表示了對她的崇拜。

一邊吟誦聖母經，
莫非我是在夢中？
願上帝把我饒恕！
我認為您就是聖母。

但波托卡伯爵夫人更像是美人魚。她不斷激起莫泊桑的希
望，又不斷使他陷於絕望。她經常約莫泊桑單獨會面，可是等莫
泊桑滿懷熱望地趕到，卻見她身邊圍著一大群男士。

可是，明知如此，莫泊桑還是抵抗不了她的魅力。他自我解
嘲地說：「唉，男女之間，無非是一場遊戲！」

無休止地遊戲人生，使莫泊桑經常產生幻覺，他周圍包裹著
黑暗的深淵和恐怖的空間，在街燈下可以看到兇殘的妖怪或吸血
鬼等。他永遠也忘不了少年時颱風那天，父母吵架被他看到的
恐怖情景。他不相信婚姻，他永遠告誡自己：「人要各自保護自
己。」

積勞成疾病症顯現

　　莫泊桑傾注了前所未有的熱忱和意志去寫作，情節如泉水，不斷地湧現，以自己都感到驚訝的鮮明度給各場面著色、潤飾，許多人物爭先恐後地擠著要在紙面上誕生。就這樣，《睡榻》、《伊薇特》、《發現》、《項鍊》、《幽會》、《上校的想法》、《倫德利姐妹》、《彭巴爾》、《小丑》、《持票人》等短篇小說相繼出生。

　　同時，莫泊桑以新聞界和普魯華爾的生活為題材，執筆寫《好朋友》。

　　人生一切慘痛的美，占據了莫泊桑的心。貧困的、襤褸的、奇怪的東西，窮苦生活中的調和，平凡的行為所包含的魅力，他已經全部了解了。人生在他心中再無祕密，他早已看穿了。

　　諾曼第原野甘美的悲哀的綠色包圍著他，他沉醉於人生的美酒。像小鳥一樣愛天空，像小野馬一樣馳騁而愛密生的草，像魚一樣愛清澈的水。他在自己體內感到原野一切動物的生命，活生生地活著的一切本能、一切慾望，那是活著而且成長的東西。他在心中對自己說：「愛吧，居伊。因為你孤獨，愛吧！」

　　冬天的腳步已經走近了，香榭麗舍路兩旁的樹開始落葉，橙色的太陽照著街道。

　　莫泊桑應表兄路易‧盧‧波花特凡的請求，已經搬到蘿莎公園不遠處的巴黎最高尚的地區蒙沙納街居住。路易就住在他的上

積勞成疾病症顯現

層。這次搬遷，表示莫泊桑已經加入了富翁、名人、成功者的上流社會階層。

這天晚上，路易不在家。不過，莫泊桑感覺到他的頭痛又要發作了。當他搬出埃特爾塔時，他的專門醫生曾經提醒他，如果頭痛再發作時，可以用凡士林塗在頸部。

莫泊桑塗過後，就躺在沙發上休息。過了 20 分鐘後，頭痛更厲害了，痛得他冒出了冷汗。他扼住自己的喉嚨，感覺兩隻眼睛都要爆裂從眼眶中沖出來一樣。他痛苦，無力思考，就像死了一樣直挺挺地躺著。

但是莫泊桑知道，必須想辦法求救。當他感到沙發好像要陷進去時，他其實已經躺到了地上。他伏在地上，伸著手摸索著去找門的位置。費了好長時間，他終於站起來，兩手在牆壁上摸索。

他沒有找到麻醉藥，痛苦地倒在衣櫥上，大花瓶滾到地上摔得粉碎。

莫泊桑終於沖出了屋外，他來到院子裡，黑暗中有冰涼的雨點落到他的臉上。他眼前似乎出現了萬道金光，而他就在這金光閃閃的迷宮中。他試著往前尋找通道，而金光也隨之後退。

慌亂中他抓住了一個人。那人大叫一聲：「渾蛋！不知道給別人讓路嗎？」是個女人的聲音。

莫泊桑懇求著說：「我病了，送我回家，在 10 號。去找管理員，求你。」勉強說完這句話，他的腦子裡就「嗡嗡」地響作一團。

一小時後，路易介紹的羅斑醫師為莫泊桑注射了止痛藥，莫泊桑感覺好多了。他看著醫師在床前來回地走動著，他也盯著他的影子，「等藥性退後，是不是還會發作？」

　　醫生說：「是風濕病影響了心臟和肝臟。頭痛其實並不要緊，問題在於注意休息和營養。」

　　莫泊桑問：「我打算在法國南部過冬，是不是有害處？」

　　醫生說：「不會。」

　　「那好，我去洗一個冷水浴，心情會舒暢一些。」

　　醫生又說：「不，無論如何淋浴都不好，最好還是不要用淋浴。」

　　還在莫泊桑青春年少時，大概 20 多歲還不到 30 歲，正值風華正茂之際，病痛就一步步無情地降落到他的頭上。

　　那時，他是多麼的身強力壯。他在塞納河上揮槳弄舟，英姿煥發，令夥伴們讚羨不已！可是，大家正玩在興頭上，剛才還生龍活虎的他會突然停槳，呆視前方，神情沮喪地僵立不動。

　　夥伴們問道：「你不大好嗎，居伊？」

　　莫泊桑卻毫不在意地說：「不，我只是有點頭痛。」

　　莫泊桑不大在意，夥伴們也以為是感冒、飲酒過量，或戶外活動過多烈日炙烤的結果。然而，這正是病魔著著實實地襲來的第一步。

　　1870 年代末，情況已經惡化到這種程度：他有時會因為劇烈的偏頭痛而摔倒在地。

　　莫泊桑從 1876 年開始明顯的脫髮。醫生們對此做出了完全

積勞成疾病症顯現

不同的解釋：1876 年，兩位醫生診斷為梅毒感染；1878 年，巴黎醫學院的權威卻認為這與梅毒全然無關，而是風濕病損害胃及心臟，最後影響到皮膚所致。

1878 年，海軍部鑒於「部直機關二等僱員莫泊桑先生需要去魯埃施溫泉療養」，而準他休假兩個月。他的病情已相當嚴重。

那最使他痛苦不堪的病症，幾乎是同他的功名一造成來，與他的作家生涯同時開始的。就在他的成名作《脂肪球》問世前不久，1880 年 2 月，他突然感到自己的右眼幾乎什麼也看不見了。他多方求醫，有的醫生說無法治療，有的醫生說可以痊癒。事實上，時好時壞的眼疾和偏頭痛，成為他不堪其苦的兩大禍害。

1883 年，一種雖然並不使他的肉體多麼痛苦，但卻使他的精神受到極度刺激的病徵開始出現，這就是幻覺。

有時，他站在穿衣鏡前，但在鏡子裡卻看不到自己的身影。這使他毛骨悚然。他呆立在那裡，過了 5 分鐘，才看到自己的影像從鏡子深處逐漸顯現。

有時，他正在侃侃而談，卻戛然而止，兩眼直直地盯著遠方，緊鎖雙眉，似乎在傾聽什麼聲響。

有時，他竟清醒地進入夢境：似乎他仰臥在海邊的沙灘上，突然，感到自己在向下滑動、滑動，滑向深不可測的無底洞。

到了 1880 年代中後期，他的幻覺已經達到了很可怕的程度。

有一天，梅茲羅瓦送走莫泊桑，正坐在自己家裡看著稿紙，「唉，明天又得交出報紙連載小說的續稿了。總之，我是一個重力勞動者。」

突然門外有人喊：「梅茲羅瓦！」

梅茲羅瓦跳起來去開門，「莫泊桑，你回來……怎麼搞成這樣？」

梅茲羅瓦發現，莫泊桑站在門外，大瞪著兩眼，臉色蒼白，身體斜倚在門上，全身瑟瑟發抖。

梅茲羅瓦伸出手扶住莫泊桑的肩膀，怕他會昏倒過去。但莫泊桑一邊發抖，一邊奮力掙脫梅茲羅瓦的扶助，好像他根本不知道自己身處何地。

梅茲羅瓦又問：「莫泊桑，你受傷了嗎？」

莫泊桑頭上滾下大顆的汗珠。「我……」他大口喘著氣，說不出話來。他的帽子不知丟到什麼地方去了，衣服上沾滿了泥土，看來摔了不少的跟頭。

莫泊桑費力地搖著頭：「鬼魂……有鬼魂。」

梅茲羅瓦驚恐地打量了莫泊桑一下，把他拉進門內，一下把看門人關在了門外。

他把莫泊桑扶到沙發上，「坐吧，要喝點什麼？」

剛剛分開 20 分鐘，莫泊桑一定沒有喝過酒，於是梅茲羅瓦去拿了杯子，倒了白蘭地遞給他。

莫泊桑接過來，牙齒碰得杯子「啪啪」直響，酒順著下巴流下來。還好，他一會恢復了精神。

他驚魂未定地說：「我回到家裡，可是，他在我的桌上，他還在那裡。」

梅茲羅瓦不解地問：「誰在那裡。」

積勞成疾病症顯現

莫泊桑看著梅茲羅瓦：「和我一模一樣的人，是我的鬼魂。他坐在我的椅子上，在閱讀我今晚出門前閱讀的書。」

梅茲羅瓦感覺一陣涼氣從腦後躥出。「喂，放鬆點，那只是你的胡思亂想罷了。」他安慰說。

莫泊桑搖搖頭：「不，絕對不是。」

梅茲羅瓦只好說：「好，不是。你把杯裡的全喝下去。」

莫泊桑喝掉了杯裡的酒。其實梅茲羅瓦也沒給他倒多少酒。

梅茲羅瓦忽然說：「也許是這樣，你走進屋子，鏡子裡突然出現了你的影子。」

「不是鏡子，他就在椅子上。我進去時，他安靜地坐在那裡。」

梅茲羅瓦又說：「我想肯定是你的幻覺，是不是只有一兩秒鐘？」

莫泊桑痛苦地回憶著：「我站在那裡，盯著他……」他把身體直直地靠在椅子上，苦悶地說：「梅茲羅瓦，如果方便的話，陪我一起回家好嗎？我害怕一個人回去。」

梅茲羅瓦說：「這沒問題。以前發生過這種事嗎？」

莫泊桑又拿杯子在嘴上舔了一下：「不……有過，但是不完全一樣。有一次我在鏡子裡看到他站在我旁邊，那也許是光線折射的作用，很快就沒有了。」

梅茲羅瓦釋然了：「就是啊，這次不是差不多嘛！」

過了 15 分鐘，莫泊桑已經恢復常態。梅茲羅瓦問：「我們可以走了吧？」

「好，走吧！」

兩個人一起來到蒙沙納街。

莫泊桑掏出鑰匙打開門，梅茲羅瓦點亮了入口處的煤氣燈。

莫泊桑打開書房門，讓梅茲羅瓦進去。屋內燈光明亮，保持著莫泊桑出去時的樣子。

莫泊桑低聲說：「就在裡面那間房裡。」

梅茲羅瓦走在前面，莫泊桑緊跟在後面。但房間裡什麼人也沒有，椅子安穩地放著，書翻開著豎在桌子上。

梅茲羅瓦笑著說：「除了安靜和舒暢，什麼也沒有，淨胡鬧。」

莫泊桑仍然站在門外，「嗯」了一聲。短短的沉默之後，他說：「謝謝你陪我回來。」

梅茲羅瓦握了握莫泊桑的手，輕鬆地聳聳肩，然後走了出去。

莫泊桑關上門，把所有的燈都點亮了，在屋子中央站了好久，才慢慢地走到椅子前坐了下來。

如果沒有這些莫名其妙的頑症，莫泊桑也許會健康長壽。

他的諱疾忌醫也是可怕的，這使他懷疑並頑固地不聽醫生的勸告，從而使病症加深，終究深深傷害了自己。

諾凱·屠博士是醫學界的權威，也是 19 世紀科學者的代表人物。洛爾與諾凱家在菲甘時曾有過交情，她和博士也自小就認識，於是她第二天就為兒子發去了指定診察日期的通知單。

屠博士為莫泊桑診察了好長時間，然後站在拿破崙半身像下

面，一隻手背後，一隻手摸著下巴上的鬍子說：「你患了消化不良，由於胃酸過多，血液循環發生輕微障礙。雖然不很嚴重……但它侵犯了神經。」

莫泊桑一點也不相信醫生的話，他覺得是在浪費時間，他依然過著放蕩的生活。

創作《奧爾拉》弟弟發病

　　《溫泉》單行本問世後不到 4 個月，莫泊桑就出版了又一部中短篇小說集《奧爾拉》。這部包括 11 篇中短篇小說的合集轟動一時，其中那個題為《奧爾拉》的中篇更是舉世矚目。

　　《政治和文學年鑒》雜誌立即轉載《奧爾拉》，並冠以如下的按語：

> 居伊·德·莫泊桑先生剛剛出版了一部中篇小說，引起巨大的反響。小說題為《奧爾拉》。本刊現獲準轉載，我們的讀者讀了這篇奇異、神祕的小說，定會興味盎然。

　　「奇異、神祕」，這是這篇新作給人的突出印象。其實，奇異、神祕的色彩，在莫泊桑的作品中早露端倪。不過，中篇小說《奧爾拉》的奇異和神祕，卻到了登峰造極的程度，而其藝術表現手法也精湛嫻熟之極。

　　小說採用日記的形式。像作者本人一樣，主角「我」也是個單身漢。他住在魯昂附近，塞納河就從他窗前流過。一個明媚的早晨，他閒臥在房前草地上，繁忙的塞納河裡面千帆競航。不知為什麼，一艘通體白色的巴西三桅帆船特別令他注目。

　　幾天後，他病了，連續的發燒使他經常毫無緣由地陷入憂鬱，像有某種不可見的東西在作用於他的感官。高燒使他的心靈和肉體一樣痛苦。他預感到危險和不幸即將來臨。

創作《奧爾拉》弟弟發病

他寢食難安，總覺得黑暗中有可怕的威脅，夜裡挨到 22 時才上樓進入臥室，把門牢牢鎖上。好不容易入睡了，卻又噩夢連連：彷彿覺得有一個人走近他，看了看他，然後上了床，跪在他胸脯上，掐他的脖子，使他透不過氣來。此後，每夜都重複這個噩夢。

他實在受不了這種折磨，便去風景勝地聖米歇爾山旅行。

在山頂，僧人向他談起這地方的許多古老傳說：有人夜間聽到沙灘下有說話聲，繼而是兩隻山羊一強一弱的嚷叫聲；有人在兩次潮汐之間見一個老牧人牽著一隻男人面孔的公山羊和一隻女人面孔的母山羊，它們生著長長的白髮，用人聽不懂的語言爭執不休。

主角與僧人對這些傳說的真實性進行了討論。

旅行歸來，他重又陷入噩夢的折磨。這一次，他覺得有人爬上床，俯在他身上，嘴對嘴吸他的活力。第二天夜裡，他從噩夢中醒來，竟發現原來裝滿了水的長頸大肚玻璃瓶裡已經空空如也！那只有可能是他自己喝的。

如果不是他成了夜遊人，過著雙重生活，就是有一個「外人」，在他靈魂麻木時驅使著他的肉體。

為了探明原委，他在桌上放了酒、牛奶、水、麵包和草莓。試驗了幾次，結果相同：只少了水和牛奶，其餘東西分毫未動。

最後一次試驗使他恐懼到頂點：睡前，他用襯衣把裝滿水的玻璃瓶裹嚴，又用繩子把瓶塞捆緊；醒來後，襯衣和繩子如故，瓶中卻滴水全無。

他當即離家去了巴黎。然而巴黎也是奇事迭出。一位研究神經疾病和特異現象的醫生，當著主角的面，讓他的表姐入睡，然

後讓主角站在表姐身後。醫生遞給她一張名片，告訴她這是一面鏡子。表姐從這「鏡子」裡看到她身後的人正在用手拈鬍髭，還從衣袋裡掏出一張照片！

重返家園沒幾天，怪事又接踵而來。一天，他在花園裡觀賞一棵玫瑰花，忽見一朵花的枝莖彎了，就像有只無形的手把它折斷，把花摘下了一樣。接著，那花又做弧線運動騰空而起，就像有隻手臂把它送到一張嘴邊，然後就停在那裡不動。

一天夜裡，他睜開眼睛，只見桌上的書忽然掀開一頁，幾分鐘後又掀開一頁。椅子是空的，但他想，「他」一定坐在那裡，正在讀他的書呢！

他撲過去，要捉住「他」，殺掉「他」。可是他人還未到，椅子卻翻倒了，好像有人從那裡逃開；窗子也合上了，像有人越窗而去。

在這些恐怖的日子裡，他反覆思考後斷定這是一種「新生物」。他從一本科學雜誌上得悉，巴西的聖保羅省正蔓延著一種神經錯亂症，患者紛紛離鄉背井。他們聲稱有一些看不見的東西趁人們睡眠時吮吸他們的活力，這些怪物平時靠水和牛奶為營養。這使他想起不久前看到的那艘巴西帆船。想必是船上運載的這種怪物跳上岸來，附在他身上，取代了他的靈魂。他必須把「他」幹掉。

一天夜裡，他把剛安裝的鐵門鐵窗大敞四開，感覺到「他」到來後，就若無其事地關上門窗，溜出房門，把「他」獨自關在房內，點起大火，要把「他」燒死。但他突然想到，這可怕的東

創作《奧爾拉》弟弟發病

西有其一定的死期，不可能提前毀滅。既然「他」沒死，他只得自殺！

莫泊桑把《奧爾拉》手稿寄給出版家時，就預見會引起非同尋常的反應。他向弗朗索瓦宣布：

> 今天，我已經把《奧爾拉》的手稿寄往巴黎。不出一週，你就會看到所有的報紙都說我瘋了。隨他們的便罷。其實，我頭腦很健康，寫這個中篇時，我很清楚自己在做什麼。這是一部想像的作品，它一定會使讀者震驚，會叫他們不止一次地打寒戰，因為它太離奇了。

《奧爾拉》初次發表後，果然有人認為莫泊桑瘋了。否則，一個正常人怎麼能夠如此精細、真切地寫出一個人從憂鬱、恐懼、幻覺到神經錯亂的發展過程。

寫作《奧爾拉》時的莫泊桑，頭腦的確是清醒的，不過，病魔早已潛伏在他的身上，折磨著他，使他深刻感受病痛的煎熬和苦楚。

從 1883 年起，莫泊桑的偏頭疼、神經痛、幻覺失眠、視覺障礙、消化不良、肢體麻木等症狀全面加重。死亡正在威脅著他，他心裡也充滿了悲觀絕望。

而這時，幻覺已經達到更可怕的程度。有時，當他伏案寫作時，卻又會聽見有人開門。他回過頭去，驚訝地看見自己走了進來，在自己對面坐下，口授他所寫的東西，待到寫完，這幻覺也便消失。

莫泊桑借《俊友》中伐侖的口，說出了自己對人生的理解：

> 人生是一道山坡。正上著的時候，都望著頂上，並且都覺得快
> 樂；但是走到高處，就忽然望見下坡的道兒和那個以死亡為結束
> 的終點。上坡的時候是慢慢的，但是下坡就走得快了。

從病魔剛剛纏身的那一天起，莫泊桑就以多樣的方式與之奮力拚搏。他以塞納河上放縱的遊樂來向病魔挑戰。他在陸地、海上、空中遨遊，想把病魔遠遠拋在身後。他八方投醫，不放過任何治療的方法。他更以驚人的毅力強忍疾病的苦苦熬煎，堅持寫作。

1887 年前的 5 年間，他一共發表了長篇小說 3 部、遊記 1 部，還有中短篇小說和專欄文章 200 餘篇。每一篇作品，都標誌著他同病魔的一場惡戰，都是他以高昂的代價奪來的戰利品。

然而，他的病症畢竟在日趨惡化。深受其苦的他，痛感人的生命脆弱，幸福不過是空夢一場。

在一篇題為《悽慘的閒話》的文章中，莫泊桑就心如死灰地哀嘆：

> 自從我們的肉體開始緩慢地瓦解，每日，每時，每一分鐘，我們
> 都在逐漸地死亡。呼吸，睡眠，飲食，行走，辦事，我們所做的
> 一切，也即生活，都是死亡！

到了 1887 年，死亡已是莫泊桑眼前晃動著的影影綽綽的前景了。不過，死神並沒有直截了當地給莫泊桑以致命的一擊，而是出人意料地首先在他弟弟艾爾維身上顯示了它的神威。

艾爾維自從在哥哥大力幫助下成家立業以後，專心致志於花木栽培和經營，光景不錯，家庭生活也十分美滿。

創作《奧爾拉》弟弟發病

　　誰知，1887 年 8 月的一天，艾爾維竟然精神病大發作，幾乎將自己的妻子掐死。

　　這些年，眼看居伊的病情日深一日，本來洛爾還可因艾爾維的健康可以自慰，可現在艾爾維也得了精神病。洛爾真是肝膽俱裂。

　　這一天，正在準備去孚日山區旅遊的莫泊桑手拿一張電報，全身發抖。電報上寫著：

　　艾爾維發狂，速回，母。

　　莫泊桑趕緊搭上夜行火車，立刻趕往昂蒂勃。在車上，他茫然地望著黑暗的窗外，疲倦得厲害，但卻無法入睡。

　　女僕接過莫泊桑的行李，他奔進院內，母親正從客廳裡迎出來：「我不知道你什麼時候會來，你來得這麼快，我很高興。」

　　莫泊桑望著凌亂的室內，心痛地問：「怎麼回事？」

　　「他想勒死瑪麗，幸好園丁在他們旁邊，把他拉開了。醫生來過後，他安靜了。」

　　「是瘋狂症嗎？」

　　洛爾轉頭看著莫泊桑，固執地說：「是日射病，居伊，日射病。」說著，某種表情如閃電般掠過她的臉，語氣也變了：「醫生說是腦脊髓膜，你去看看。」

　　莫泊桑立刻回憶起小時候他神態忽變，把自己關在黑暗的房間時的情景。

　　久病成醫的莫泊桑從艾爾維發病時的種種精神失常的表現，立刻得出結論。他帶艾爾維去蒙彼利埃的一家精神病院檢查，醫生那不便直言的判斷也證實了他的結論。

從蒙彼利埃回戛納的第二天，他就寫信給住在巴黎的父親：

艾爾維的頭腦完全錯亂了。昨晚吃晚飯中間，他竟鋸起木頭來，
直到筋疲力盡。

莫泊桑是一個孝敬的兒子、盡職的兄長。這時，他不但在經
濟上供奉二老，而且慷慨地挑起養活艾爾維一家 3 口人的重擔。
艾爾維的病在精神上加之於他的負擔尤其沉重。他處處要為這個
精神病人操心，而他自己也正在經受著精神病的煎熬啊！

安葬弟弟病情加重

1888 年的頭幾個月，雖然艾爾維的病情不斷惡化，以致莫泊桑不堪其苦地哀嘆：「我生活在令人憂傷的一幕幕可怕的場景之中。」但這時莫泊桑的病情還算相對穩定。

1 月，《皮耶爾與若望》單行本問世不幾天，他就修訂完一部題為《在水上》的遊記。作品記述他乘「俊友號」遊艇在地中海上所做的一次旅行。文章除了遊記，還穿插了對往事的回憶和片段的思考，雖不像莫泊桑所說是他的一部「日記」，充滿了他的「隱祕的思想」，卻也是了解他生平和思想的一份有價值的材料。

3 月，他動筆創作新的長篇小說《與死神一般堅強》。4 月，修改中短篇小說集《于松夫人的貞德少男》。6 月，到埃特爾塔，為母親的莊園尋求買主。

可是，從 7 月起，劇烈的偏頭痛又頻繁折磨著莫泊桑。9 月，莫泊桑又躲到埃特爾塔，他向友人悲戚地訴說：「我由於偏頭痛已整整兩月沒辦法寫作了。」

莫泊桑在路上的行人之間走著，他想著：「我必須逃走，離開這些人群。離開吧，與周圍這些人們之間，非有距離不可。逃避對於現在的我，與空氣一樣重要。」

9 月 21 日，莫泊桑為了治療，前往薩瓦省的溫泉勝地埃克斯。看來這裡的礦泉水也奈何不了附著在他身上的病魔，療養結果是毫無效應。

他的精神越來越緊張，他在母親莊園的時候，就做著誇大的手勢對園丁老克說：「這裡有蜘蛛，我的房間也很多，其他房間也一樣，每張床都有蜘蛛。傍晚要注意開窗，那一陣子蜘蛛是從陽臺爬進來的。老克，看到蜘蛛就殺死，聽到沒有？」

園丁困惑不解地皺著眉頭回答：「是，先生。」然後就躲開他走了。

眼看冷天將至，他又本能地向南遷徙。11 月初，他動身去阿爾及利亞和突尼西亞。

11 月 21 日，他從阿爾及爾寫信給斯特勞斯夫人：

我最要命的是頭痛，於是我便在太陽 —— 真正的、火熱的、首先落山的非洲的太陽下，曝晒我疼痛的神經。

12 月中下旬，莫泊桑返回昂蒂勃。可 12 月 26 日，他又出現在突尼西亞！不過，在與疼痛的神經周旋的同時，他仍不失時機地寫作。長篇小說《如死神一般堅強》就是這樣脫稿，並於 1889 年 5 月出書的。

與《俊友》中的上層社會婦女不同，莫泊桑小說的新女主角不是那種僅富於性感的女人，而是以自己的心靈深愛著奧利維埃。與《俊友》中的杜洛瓦不同，奧利維埃的愛雖然轉到女兒的身上，然而他追尋的還是昔日的母親。

基於這種新的構思，莫泊桑運用在《皮耶爾與若望》中已經初試鋒芒的手法，對奧利維埃和安妮的心理狀態詳加剖析。

還在《如死神一般堅強》寫作過程中，莫泊桑就在給母親洛爾的信中指出，這部小說將表達這樣一種觀點：「生活既可怕，

又溫情，又無望。」

在這溫情而又可怕的生活中，由於失去希望，奧利維埃甘願接受死亡的命運，他是否「如死神一般堅強」，是大可有異議的。用這句話形容作家莫泊桑本人，倒是非常恰當。

面對死神的威脅，5月裡剛出版了《如死神一般堅強》的單行本，當月底莫泊桑又投入了另一部長篇小說《我們的心》的寫作。

8月初，莫泊桑寫信給父親：

> 我精神遲鈍，渾身疲軟；我急需一種滋補和刺激這些器官的礦泉水。

可是，他還不能去痛飲他所急需的礦泉水。艾爾維的情況更緊迫。1889年8月11日，「精神遲鈍、渾身疲軟」的兄長，不得不強撐著病體，把弟弟送進里昂附近的布隆精神病院。

儘管他的記憶力在衰退，如他自己說的：「我的思想就像從漏勺中一樣逃逸。」送弟弟住院那天的情景，卻永遠留在他那日漸枯竭的腦海。

為了安定艾爾維的情緒，人們對他說是為他換一個休養的環境。一路上，艾爾維興高采烈。可是，一見到精神病院的高牆鐵門，他立即警覺起來。

莫泊桑哄騙艾爾維說：「這是一位朋友的別墅，我們不妨看一看你是否喜歡住在這地方。」

艾爾維這才進去。

醫生裝做別墅主人，走在前面，艾爾維在後，莫泊桑尾隨，

來到二樓一個房間。艾爾維看到房內沒有任何家具，並且瀰漫著藥味。心裡又生疑團。

醫生聲音委婉地說：「請走到窗邊來。看，住在這裡，外面的視野多美啊！」

艾爾維半信半疑地向窗邊走去。而這時，遵照醫生的暗示，莫泊桑悄悄向門口退去。艾爾維回頭見此情景，恍然大悟，他要追隨哥哥出來，但突然出現的兩個強壯的看護牢牢抱住了他的雙臂。

艾爾維聲嘶力竭地吼叫道：「啊！居伊！壞蛋！你讓人把我關起來！你聽著，你才是瘋子呢！你才是家裡的瘋子！」

莫泊桑心如刀絞！

艾爾維在布隆住院後，莫泊桑來探視過他一次。那次的場面也同樣悽慘。他們在一起度過了兩個小時。艾爾維認出了哥哥，大哭起來，擁抱著他，說著莫名其妙的話，不住地吻他，要哥哥帶他回家。

當莫泊桑離開時，艾爾維要送他，但卻沒有被准許。莫泊桑忍不住掉下了眼淚。而且他清楚地看出弟弟感到他自己身上有某種不知名的、可怕的東西存在。

後來莫泊桑在給友人的信中寫道：「他把我的心都給撕碎了，我還從來沒有這樣痛苦過。」

自從送艾爾維住院那天聽到弟弟向他聲嘶力竭地叫喊「你才是瘋子」，莫泊桑再也擺脫不了這不祥呼聲的困擾。

為逃避這呼聲，莫泊桑駕駛著 1888 年 1 月購買的「俊友 2

安葬弟弟病情加重

號」，又開始了「向太陽」遠遊，於 9 月到達突尼西亞。10 月裡，他又踏上了前往義大利的旅程。

莫泊桑沿義大利西海岸航行，在幾處島嶼和港口登岸觀光，然後便棄舟取陸路，先後遊覽了薩沃納、比薩、佛羅倫薩等幾座名城。他遊興正高，但咽炎和腸胃出血同時襲來，迫使他在佛羅倫薩連續臥床 15 天。大病初癒，他便打點回國。

他在戛納還沒有來得及好生將養，就收到一封電報：

艾爾維病重，挽救無望。

莫泊桑走在林蔭路上，背後的鐵格子大門關閉著，腳踩入枯葉中。樹木可憐的枝丫伸入 11 月中旬傍晚漸漸昏暗的空中。母親沒有力氣來，所以莫泊桑到這裡來。

烏鴉在頭上「呱呱」地叫出不吉利的聲音，繞著圓圈飛。

莫泊桑走到門前，按響了門鈴，他臉色鐵青，而且還帶著傷痕。

過了片刻，醫生來了，用深刻的眼光看著莫泊桑，並與他握了握手。

「我弟弟怎麼樣？」

醫生說：「要見他嗎？昨天差一點亡故，大概只為了等你。」

他們來到了二樓。艾爾維躺在床上，瘦得皮包骨，只有面孔不正常地呈現玫瑰色。看護的人就守在床邊，燈光只照在一個地方，其餘都是一片黑暗。

莫泊桑走了進去，艾爾維一直盯著哥哥的臉。終於，他浮起微笑：「哦，是居伊？」

「是我。你好嗎，艾爾維？」

莫泊桑跪在弟弟旁邊，艾爾維的聲音雖然低弱得像耳語，但仍然很鎮定：「在沒和你見面，對你說再見以前，我不想出發。」

莫泊桑遞上一束菊花：「我給你送花來了。看，這是從你的溫室採來的。你喜歡花，過些時候到那裡去看看花。」

艾爾維點點頭：「嗯。有含羞草嗎？」

「多得是，而且是這個海岸最漂亮的。」

艾爾維臉上浮現出異樣的光彩：「一樣就行了。我真希望看到遍地開花的農園，在藍色的大海襯托下，真美啊！」

莫泊桑吻著弟弟的額頭：「農園正等著你去呢！」

這時，艾爾維就像小時候在故鄉的院裡與哥哥一塊嬉戲一樣，呼喚著哥哥：「居伊，居伊！」

莫泊桑輕輕擦去弟弟眼角的淚，他那雙美麗的藍眼睛已經沒有了光彩。他抓過哥哥的手，深情地吻了一下，然後頭就慢慢地滾到枕頭上。在布隆精神病院痛苦掙扎了 3 個月以後，11 月 13 日，艾爾維終於去世了。

外面已經是深夜，冷風瑟瑟，月亮在烏雲間穿行著，枯葉時時飄零。

艾爾維就埋葬在里昂。莫泊桑為他精心設計建造了一座圓形的石墓，以利雨水的沖刷，長葆墳墓的潔淨。

1890 年，莫泊桑右眼視覺功能出奇地恢復了正常。但是其他症狀依然存在，他整個健康狀況在緩慢地惡化。他的性情變得特別暴躁，在待人接物和書信中，狂妄非禮的言語屢見不鮮。尤

安葬弟弟病情加重

其是動不動就與人爭執，有時達到無理取鬧的程度，甚至鬧上法庭。

不過，在四處尋醫的同時，在這一年裡，莫泊桑的寫作卻令人難以置信地獲得了一個小小的豐收：發表了長篇小說《我們的心》、遊記《漂泊生涯》，以及《橄欖園》、《無益的美》、《蒼蠅》等6篇中短篇小說。其中《橄欖園》可以列為莫泊桑中短篇小說的精品，此外值得一談的便是長篇小說《我們的心》。

《我們的心》的發表，頗得資產階級輿論的讚賞。他們恭維《我們的心》是「最洞察入微，是深思熟慮的心理研究」；聲稱安德烈和米歇爾是莫泊桑筆下「最富有生命力、最富有人情味的人物」；甚至說「作為一個作家，莫泊桑從來也沒有在《我們的心》中表現得這樣偉大」。

但是，評論家安那托爾‧佛朗士卻說：

莫泊桑先生至少從來不對我們阿諛逢迎。他總是毫無顧忌地蹂躪我們的樂觀主義，扼殺我們理想的美夢。而且他永遠是那麼坦率、正直、心地淳樸而又堅定。

《我們的心》單行本出版於 1890 年 6 月。當年夏天，莫泊桑又著手準備構思新的長篇小說的藍圖。但是，病魔這一次再也不讓他如願以償，而是迫使他馬不停蹄地東逃西竄。他時常說的話是：「弗朗索瓦，收拾行李，準備旅行。」

福樓拜的紀念像籌備工作拖了很久，但終於完成了，決定舉行揭幕典禮了。11 月 23 日早上，雖然是烏雲密布，但莫泊桑仍然搭乘火車趕往魯昂。愛德蒙及左拉他們也一同前往。

左拉依舊談鋒甚健，對將來充滿了計劃。莫泊桑對他有些嫉妒，因為自己好像拖著無限的過去一樣，感到沒有止境的疲勞。

　　愛德蒙則拘謹地保持挺直的姿勢，幾乎一路都沒有開口。據說他想進入國家藝術院卻沒有成功，失望之餘，打算在他死後，捐贈財產設立愛德蒙文學獎。他依然以兩根指頭握手。

　　過了一會，大家就都不說話了。莫泊桑一動不動地坐著。

　　抵達魯昂時，一隊代表前來迎接他們。他們在莫泊桑中學時代就知道的市長家裡共進午餐，一些名人也列席參加。

　　他們到市立博物館參觀福樓拜的原稿展覽之後，被帶到會場。風吹襲著，雨斜斜打著臉頰。大約有 20 多人在紀念碑旁邊恭候，鄉村樂隊紅著臉吹出高亢的音樂。

　　紀念碑揭幕後，愛德蒙對莫泊桑說：「相當熱鬧，恰像對井中自然呼聲的誠實回答。」

　　莫泊桑正想回答，愛德蒙因為要朗讀祝辭已經走到前面去了。大風使他的聲音時斷時續，稿紙不停地打著他的下巴。

　　雨還在下個不停，莫泊桑卻陷入了對恩師深深的回憶之中。

　　接著，市長致辭，再接下來是魯昂藝術院的代表。人們吵吵鬧鬧，樂隊抱著滴著雨水的樂器，一副可憐相。

　　典禮完成，人們不知所措地站在泥濘中。接著大家向馬車走去。

　　莫泊桑與其他人也默默地離開，他稍微落後，佇立著注視著紀念碑，喃喃自語：「我的良師，偉大的人。」然後轉身消失在風雨中。

安葬弟弟病情加重

　　1890 年 11 月末，從戛納返回巴黎的途中，他在里昂下車，為艾爾維掃墓。他久久地、一動不動地佇立在墓前，可兩眼卻直勾勾地盯著空曠的地方。

　　弗朗索瓦發現他神態有些異樣，忙問道：「先生，您不舒服嗎？」

　　莫泊桑彷彿如夢初醒，回答道：「什麼？哦，是你，弗朗索瓦你看那邊，塞納河多麼美！我看見艾爾維了。他在等我。他不想撇下我自己死去。『居伊！居伊！』他在喊我。那聲音還像他小時候在維爾吉的花園裡呼喚我一樣。」

　　12 月 17 日，弗朗索瓦清掃客廳時，從地上拾起沒有寫完的信紙，莫泊桑剛好走進來，問：「弗朗索瓦，那是什麼？」

　　「哦，嗯……」弗朗索瓦看了一眼信紙，「是您寫給丹納先生的信。對不起，因為掉到地上……」

　　莫泊桑接過信紙：「嗯。福樓拜的紀念碑揭幕典禮時，要請他們務必參加，因為需要簽名。你到郵局去一趟好嗎？」

　　弗朗索瓦吃驚地看了主人一眼：「福樓拜的紀念碑……」

　　莫泊桑又說：「還有，弗朗索瓦，收拾行李，要離開了。」

病魔纏身痛苦不堪

1890 年年底在艾爾維墓前的幻覺，一直困擾著莫泊桑。

艾爾維淒厲的呼喊聲時刻縈繞在他的耳際：「我的居伊！我的居伊！我不能撇下你就死去！」莫泊桑真像是要追隨親愛的亡弟而去似的，他的病情在 1891 年這一年裡急轉直下。

他的左眼瞳孔擴大，右眼瞳孔縮小，左眼已經失去視覺調節功能，兩個瞳孔對光線的作用都毫無反應。他戴上眼鏡，雖能使左眼看清東西，右眼卻很快就感到疲勞。

1886 年以來就危害著左眼的病兆，現在在右眼上也表現出來了。他偏頭痛發作更加頻繁。他整個健康狀況嚴重惡化，尤以消化不良和失眠為甚。

1890 年，他還能以驚人的毅力掙扎寫作，而現在，卻無論如何也難以運筆了。

這段時間，莫泊桑的語言混亂也日益明顯，連寫字也失去了把握。字跡變得顫顫抖抖、拖拖曳曳，屢屢出現的錯別字說明他的頭腦常失去控制。

然而，疾病的打擊越猛，他的反抗也越烈。他依舊讀大量醫書，結果適得其反。他比以往更熱衷於求醫，可又對醫生心懷疑慮，對醫囑採取任性的態度。

他最信服的是對他病情的輕描淡寫的診斷。他最樂於接受的，是以神經病學家夏科博士的名字命名的「夏科沖浴」。這種

病魔纏身痛苦不堪

用冰涼的高壓射流施行的沖浴，雖然能暫時沖淡他的痛苦，其實卻在加重著他的病情。

遵照「常常沖浴」的醫囑，他馬不停蹄地奔走在各溫泉療養所之間：中央高原的賽維納山區，地中海沿岸附近的阿萊，加隆河流域的呂沖，靠近瑞士邊境的萊芒湖畔的迪沃納。

迪沃納的溫泉雖久負盛名，但是莫泊桑所在的那所療養院卻面對著冰川，經受著湖風的不斷吹襲，使畏寒的病人不堪忍受。這時，丹納一封來信帶給他莫大的希望。他在 6 月 27 日發於迪沃納的一封給母親的信中興奮地寫道：

> 我正不知要逃到什麼地方去尋找陽光，猶豫不決之際，丹納寫信來，竭力勸我去一所堪與迪沃納媲美的療養所：距日內瓦約十分鐘路程的尚佩爾。去年他在那裡住了 40 天就治好了和我完全一樣的病 —— 不能讀書，不能寫作，不能從事任何腦力勞動。他原以為完蛋了，可僅僅用 40 天工夫，他就復原了。
>
> 詩人杜爾珊此刻正在那裡，他的病症跟我也一樣。他已經能睡好覺了，就是這麼簡單。
>
> 卡薩利斯曾跟我在日內瓦會了一面。他覺得我氣色好極了，樣子強壯極了，而不禁驚呼：您已經好啦！我向他訴說了自己最近經受的一切痛苦。他回答了我一句很明智的話：「對您來說，首先是需要氣候乾燥和陽光充足的環境；然後是必不可少的沖浴。因為沖浴已經使您變了樣，我一見到您就確信這一點了。」

懷著這種盲目樂觀的情緒，莫泊桑又開始了力不勝任的體力活動。他騎著三輪自行車四處遊玩。

有一次，他用兩個多小時前往 28 英里外的費爾奈參觀伏爾

泰的舊居。歸途中，他突覺不適，摔下車來，滾落到迪沃納的一個游泳池中。他還自鳴得意：「我就像一條魚落在水中，我是注定要生活在冷水中的人。」

然而，當莫泊桑在盛夏之際回到巴黎小住時，人們的反應向他道出了實情：他已經消瘦到幾乎面目全非了。

他向朋友傾訴起自己的苦情：

> 我頭痛越來越厲害。只有安替比林能使我得到一點寧靜。不過，
> 我想正是這種毒藥在作祟，我的頭腦現在空曠得厲害，最簡單的
> 詞都找不到，如果我需要「天空」這個詞或者「房屋」這個詞，
> 它們立刻就從我的腦子裡消失了。我完了。

由卡薩利斯伴送，莫泊桑在這年 8 月到了尚佩爾。亨利·卡薩利斯是一位著名的醫學博士，也常以讓·拉奧爾的筆名發表詩作，和丹納、莫泊桑都交情很深。他也清楚莫泊桑已無可救藥，只是故作輕鬆來盡量減輕好友的心理重負。

詩人杜爾珊果然正在尚佩爾療養。寒暄已畢，卡薩利斯忙把他叫到一邊，低聲交底道：「我把他帶到這裡來，是為了讓他以為自己像您一樣，不過有點神經衰弱。您得對他說這裡的治療已經使您病情見好，而且身體也養得強壯多了。可惜，他的病跟您的不一樣，您用不了多久就看得出來。」

杜爾珊夫婦和莫泊桑在尚佩爾度過的日子，對這對夫婦來說絕不輕鬆。杜爾珊本來是由於神經過度疲勞才到這裡療養的，與他們終日形影不離的莫泊桑卻口若懸河盡對他說些瘋話，純粹是一種精神折磨。

病魔纏身痛苦不堪

在朝暮相處的 3 天裡，只有兩個小時，杜爾珊彷彿又看到了昔日才華橫溢的友人，然而這只有使他更覺悲戚！

那是一個晚上，杜爾珊夫婦請莫泊桑來他們單獨居住的附屬於同一家溫泉旅社的木屋裡做客。莫泊桑帶著他那幾乎須臾不離的手稿按時到來。

他興致勃勃地說：「我為你們講講我的《昂瑞呂斯》的故事吧！」

杜爾珊夫婦自然樂意洗耳恭聽。

莫泊桑便不緊不慢地講起來，語言是那麼清晰，思路是那麼富有邏輯性，而且還帶著極富感染力的激情。

莫泊桑滔滔不絕地講了兩個小時，接近尾聲時，他激動得一邊講述一邊啜泣。杜爾珊夫婦也哭起來，一方面有感於小說主角的不幸命運，一方面卻因為重新又發現了那依然在好友混亂了的心靈中閃耀的天才、柔情和憐憫的火花。

儘管恢複寫作的努力遭到徹底失敗，《昂瑞呂斯》毫無進展，論屠格涅夫的文章也未寫成，莫泊桑卻自以為「健康極佳」，又開始了穿梭的旅行：9 月中旬到巴黎，9 月下旬去戛納，10 月上中旬又回到巴黎。

10 月 17 日 23 時，正當他熱衷於巴黎的社交時，一次嚴重的疾病發作又把他擊倒。4 天後，他遵照醫囑，前往戛納不定期地長住，安頓在母親為他新租的「伊賽爾河木屋」。這是一座規模不大的三層別墅，座落在通往格拉斯的大路邊，面向著地中海。

11 月底，莫泊桑的病情已嚴重惡化，他周身無處不感到無

法忍受的痛楚。他常埋怨弗朗索瓦菜做得太鹹，毒害了他的身體。他更頻繁地衝浴，不但去溫泉沖浴，在家中也經常泡在浴盆裡。他簡直離不開乙醚，似乎他的生命只有在麻醉狀態才能得以延續。

而他的神志進一步迷亂。他明明約好 18 時去會見一個商人，但他 14 時就上門拜訪。商人對莫泊桑說出了自己驚訝的原因。莫泊桑卻若無其事地答道：「看！真見鬼！⋯⋯我的表指著 19 時，我還為遲到而抱歉呢。」

一天，他走出家門，見一家商店櫥窗上貼著一張布告：

莫泊桑先生病情惡化，即將住進療養院。

莫泊桑當即乘火車趕到尼斯，去安慰住在那裡的母親。緊接著他又返回夏納，整理好文件，寫下自己的遺願。他在給友人的信裡認真地慨嘆：「永別了，你將再也見不到我了。」

莫泊桑的幻覺明顯加重。

聖誕節第二天的傍晚，他自我感覺甚好，便出門散步。可是不一下他就驚恐萬狀地跑回來，「弗朗索瓦！你在哪兒？快！快來！」弗朗索瓦兩手沾著麵粉沖出門來，就看到莫泊桑面孔鐵青，渾身顫慄不止。

莫泊桑對弗朗索瓦說：「我在通向墓地的那條岔路口遇見了一個幽靈，好恐怖，就在那邊的樹下注視著我。你知道什麼是幽靈嗎？」

「知道，但是不會的，先生。」

「不，你不知道！」莫泊桑額頭上冒著汗，他沉吟片刻，接

著說，「最糟的是，這幽靈是……是我自己！」

說到這裡，莫泊桑眼裡充滿了恐怖，神色更加緊張：「他走到我跟前。他什麼也沒對我說……他只是輕蔑地聳了聳肩膀。他看不起我……弗朗索瓦，別忘了把所有的門都關好，都鎖好。」

沉默了好一下，他又沮喪地問：「弗朗索瓦，你相信有幽靈嗎？」

弗朗索瓦不知道如何回答：「我不知道，先生。」

莫泊桑眼睛看著無限遙遠的夜空說：「我也不知道，弗朗索瓦。最糟的是我不相信有幽靈，我知道這是幻覺，我知道這些幽靈就在我自己身上！」

12 月 27 日吃午飯時，莫泊桑有些咳嗽。他對弗朗索瓦說，一定是他剛才吃的箬鰨魚的脊肉進了肺裡，他會被堵死的。

弗朗索瓦勸他喝一點熱茶，效果竟出乎意料地好。

過了一下，莫泊桑走到海邊，由水手攙扶著登上「俊友號」，做了他此生的最後一次海上漂游。

這天晚上，弗朗索瓦被一聲聲巨響驚醒，他連忙跑到主人的房間。

只見莫泊桑正平靜地坐在窗前，用手槍向屋外的夜色連連射擊。他就這樣，並不瞄準，只是胡亂地開槍。他說：「我確實聽見有什麼東西在爬花園的圍牆。」

莫泊桑已不再心存幻想，他知道自己已病入膏肓。

就在吃箬鰨魚這天上午，他在給自己的訴訟代理人、好友雅可布的信中寫道：

我的情況越來越糟，什麼也吃不下，頭腦狂亂。我快死了。我相
　　信我過兩天就會死。

　　莫泊桑沒有戴帽子，在海風吹拂下眺望著大海。北風吹起了
地中海的藍色波浪，使伊斯特斜面的松林發出「嘩嘩」聲。在巴
黎只逗留了幾天，他們就到陽光燦爛的南部來，在這安靜的別墅
裡，莫泊桑希望能獲得休息。

　　剛剛返回巴黎的時候，莫泊桑感到全身充滿活力，但沒有幾
天，巴黎的吵鬧、雜亂，就使他比以前更加煩躁，在山上吸收的
清閒空氣從體內漸漸流失。換了 12 位醫生，也只說需要休息，
並為他開出鎮靜劑，以及葡萄療法，讓他多吃葡萄。

一代文豪英年早逝

這年的歲尾就在莫泊桑的恐懼和弗朗索瓦的撫慰下度過。

天氣很好，莫泊桑時常傍晚與弗朗索瓦一起在房子裡眺望著嫣紅的夕陽。

聖誕節第二天晚上的槍聲平息之後，「伊賽爾河木屋」又過了幾天平安的日子，就好像暴風雨來臨之前總有相對的寧靜一樣。1892 年新年眼看著到來了。

元旦早上，莫泊桑 7 時就起床了，說：「弗朗索瓦，我母親等我們去吃午餐，不要遲到才好。搭 9 時的火車去尼斯。」那次聖誕節子夜聚餐失約後，他就答應一定去同母親共度新年。

可是，在刮臉時，莫泊桑突然感覺不舒服，手不太聽使喚，眼前好似飄蕩著一片迷霧。

他恨恨地喃喃道：「看來情況不妙，今天怕去不成尼斯了。」

弗朗索瓦寬慰著主人：「您近來情況不錯，今天氣色也挺好，用不著擔心，一下就會好的。」他絲毫沒想到會發生什麼問題。

莫泊桑吃了弗朗索瓦準備的早點，果然覺得好多了。

弗朗索瓦把窗戶大敞四開，清新的空氣和溫暖的陽光頓時充滿了整個屋子。

郵差來了，又是從各地寄來的賀卡，堆得跟小山一樣。莫泊桑只匆匆瀏覽了其中的幾封。

他依然是喃喃地說：「祝願，還是些老掉牙的詞。」

莫泊桑下樓來，水手雷蒙和貝爾納已經在花園裡等候多時了。這對樸實的漢子面帶害羞的新年問候：「先生，新年恭喜！」

他們這笨拙樸實的問候倒挺讓莫泊桑高興，他感動地與他們握手：「謝謝，貝爾納。謝謝，雷蒙。但願今年是個好的年。」

接著，只有白天來做活的胖女羅絲也過來親吻莫泊桑。莫泊桑說：「謝謝，羅絲。」

最後是弗朗索瓦，他說：「恭喜新年，並願先生早日恢復健康。」

莫泊桑感動得說不出話，點頭握著他的手，眼眶裡淚光閃閃。

10 時的時候，莫泊桑終於下了決心：「好，走吧！否則我母親一定會以為我病了呢！」

中午飯是在母親居住的拉弗奈爾別墅吃的。除了母親和莫泊桑，同席的還有艾爾維的遺孀和她的玲瓏可愛的女兒茜蒙，以及洛爾的妹妹亞努瓦夫人。大家聚集一堂，談話熱鬧。

莫泊桑的食慾旺盛，弗朗索瓦十分欣慰。

吃到一半時，洛爾談起海邊的一棟別墅的事：「居伊，你還記得嗎？你以前盛讚的羅傑別墅，我想買下來，可是對方一直不肯賣，現在終於答應了。」

莫泊桑順口回答：「是啊，前天藥丸也這樣通知我了。這可是大事。」

一代文豪英年早逝

大家頓時都沉默了。弗朗索瓦正在收拾桌上的盤子，發現主人說了瘋話，頓時羞紅了臉。

洛爾盯著兒子，似乎心裡明白了一切。從這時起，莫泊桑保持沉默，其他的人故意高聲說笑。

16 時，馬車來接莫泊桑到車站，他與人們吻別。

洛爾依依不捨，他擁抱著兒子：「親愛的兒子。」

他們離開拉弗奈爾別墅，順路還買了一大箱白葡萄。莫泊桑回到家顯然很高興，立刻洗澡更衣，像往常一樣吃了晚飯。

弗朗索瓦收拾著餐桌，莫泊桑則有些煩躁，在房內不停地踱步。時鐘「滴答滴答」地響著，最後，他終於沉悶不語地上樓走進自己的臥室。

弗朗索瓦考慮了一下，迅速給他端來一杯洋甘菊茶劑。

莫泊桑直嚷著：「弗朗索瓦，我的背痛。你替我想想辦法。」

弗朗索瓦答應著：「是，先生，我馬上就弄。」於是給他拔了一通火罐。一小時後，痛止了，莫泊桑冷靜了下來。

弗朗索瓦看著他合上了眼，才下樓，但沒有關門。

零時 30 分的時候，門鈴響了，弗朗索瓦一驚，趕緊跳起來開門，原來是郵差送來了一封電報。據郵差說，是從國外拍來的。

弗朗索瓦把電報送上樓去，主人正在熟睡，他把電報放在床頭，便重又躡手躡腳下了樓。

弗朗索瓦實在太疲倦了，他很快就進入了夢鄉。

一陣尖銳的聲響劃破了深夜的靜謐，把弗朗索瓦驚醒。他起身一看，是半夜 1 時 45 分。這是最惡劣的時間。

弗朗索瓦有一種預感，他本能地徑直奔入主人的臥室，只見莫泊桑在樓上站立不穩，兩手緊捂著脖子，鮮血從指縫中向外流淌。

弗朗索瓦急忙奔過來：「糟了！先生，這是怎麼搞的？」

弗朗索瓦近前一看，只見莫泊桑脖子上有道「一」字形傷口，刀還在莫泊桑手裡。

莫泊桑若無其事地說：「怎麼？弗朗索瓦！我割破了自己的喉嚨……我毫無疑問是瘋了。」

弗朗索瓦一邊扶著莫泊桑，一邊呼喚水手雷蒙。他們合力把主人抬到隔壁房間的床上。

弗朗索瓦簡單地包紮好主人的傷口，對雷蒙說：「快點，去請華克爾醫生。」

雷蒙跑出去了，弗朗索瓦設法給莫泊桑止血。

20 分鐘後，鄰近的華克爾醫生也趕來幫忙。醫生迅速地急救，莫泊桑一直很冷靜，並吩咐：「先把燈弄亮一點。」

弗朗索瓦端著燈的手不停地顫抖。

醫生說：「雷蒙，用力按著你的主人，不能讓他動。」因為雷蒙看到血淋淋的傷口，也在瑟瑟發抖。

醫生包紮好，囑咐了到天亮之間的護理，然後就告辭了。

待那醫生走後，莫泊桑才好像剛剛發現兩位僕人在身邊，他連忙向他們道歉：「弗朗索瓦，雷蒙，害得你們擔心了，對不起。」

弗朗索瓦不住嘴地寬慰他：「求求你，先生，不要說話。」他們兩人輕輕地握著主人伸出來的手。

「可以原諒我嗎？」

「先生，別這麼說。沒有什麼可原諒的。」

弗朗索瓦坐在莫泊桑枕畔說：「一定會痊癒的，先生，兩三週後就會忘記這一切的。」

莫泊桑在弗朗索瓦的安慰下，眼中似乎出現一道希望之光：「想想看，還有許多非寫不可的美麗小說。唔，非寫不可的。」他終於又合上眼皮，沉入夢鄉。

雷蒙疲倦地倚在床邊，臉色蒼白。

「雷蒙，去喝杯甜酒，提提神。」

雷蒙點點頭走了出去，不停地擦著眼淚。

他們一直守在主人身旁到天亮，弗朗索瓦感覺自己都快崩潰了。

1月2日至5日，莫泊桑一直昏昏沉沉，像是已經精疲力竭。

4日20時左右，他突然從床上坐起來喊道：「弗朗索瓦！你準備好了嗎？……宣戰了，來出征吧！」

弗朗索瓦曾經和他說定，一旦法國和德國重開戰端，他們就一起走上前線。

弗朗索瓦明知主人現在是說胡話，敷衍道：「明天一早就出發。先生，今夜先好好休息。」

莫泊桑勃然大怒：「什麼？！這是分秒必爭的時候，你卻想拖延？我們不是說好了嗎，為了復仇，要一起進攻。」

弗朗索瓦和大家好不容易讓他平靜下來。

莫泊桑企圖自殺的消息，弗朗索瓦過了兩天才向巴黎報界宣

布。戛納的報紙還是透過「巴黎電訊」才得知的。人們蜂擁到「伊賽爾河木屋」前。門鈴已經摘除了，人們就敲門。

弗朗索瓦不得不出來應付。他只有一句話：無可奉告。

1月6日，巴黎布朗什精神病院的一名護士到「伊賽爾河木屋」。第二天，莫泊桑便乘坐掛在巴黎快車上的一節車廂前往巴黎。弗朗索瓦心裡很惱火，但又無能為力，主人被穿上了瘋人用的拘束服。

莫泊桑看著一邊坐著那護士，另一邊是弗朗索瓦。啊，在偶爾清醒的時刻，他聯想到當年送弟弟去精神病院時的情景，與這是何等相似！一路上他都沉默不語。

1月7日10時，莫泊桑抵達巴黎里昂車站。在站臺上迎候他的有好友卡薩利斯和出版家奧倫道爾夫，還有布朗什精神病院的醫生和大批懷著各種心情前來觀看的人。

莫泊桑徑直被送往位於帕西區的精神病院。看到這裡的建築物，弗朗索瓦毛骨悚然。

弗朗索瓦每天都來，幾乎與以前一樣侍候主人，替他更衣，送食物，到晚上莫泊桑疲倦睡著為止，一直不離開他的身旁。

莫泊桑有時平靜，有時甚至會恢復精神說一些笑話。

1893年初，莫泊桑全面癱瘓的病癥已顯而易見。這年3月25日，他第一次長時間的癲癇性痙攣，整整持續了6個小時！他面部肌肉歪扭了，左腿和兩臂的肌肉大受損傷。

一天晚上，弗朗索瓦協助莫泊桑給母親寫信，這時，莫泊桑突然大叫：「我知道你要搶奪我在《回聲報》的地位，而且要把

我的一切密告給神，給我滾！我再也不願意看到你。」

弗朗索瓦非常傷心，他立刻給洛爾寫了信，說主人在那裡肯定不好。

洛爾很快就給弗朗索瓦回信說：「親切的弗朗索瓦，你說得不錯，我兒子必須離開那裡，我要盡力而為。」

第二天，弗朗索瓦與平時一樣來到莫泊桑身邊，主人愉快地迎接他：「弗朗索瓦，我們必須回去，原稿和書都還丟在家裡。你再替我做些可口的食物好嗎？那我就馬上恢復健康，在這裡絕對好不了。」

弗朗索瓦心如刀絞：「是，先生，我們馬上就去。」就這樣，莫泊桑回到了家裡。

1893 年 7 月 6 日上午，莫泊桑在弗朗索瓦的攙扶下到院子裡散步。莫泊桑的腳步軟弱無力，兩人慢慢走了一陣，在長椅坐下。

這天晚上 21 時，莫泊桑與世長辭，享年 43 歲。

莫泊桑的葬禮於 7 月 8 日中午舉行。莫泊桑被安葬在巴黎市內蒙帕那斯墓地第二十六區。

附錄：莫泊桑年譜

1850 年 8 月 5 日，出生在諾曼第省第埃普城附近一個沒落的貴族家庭。

1854 年，全家定居於塞納河濱海省格蘭維爾－伊莫維爾莊園中。這個莊園為莫泊桑後來的小說《一生》提供了背景。

1859 年，全家離開諾曼第前往巴黎謀生。10 月莫泊桑進入拿破崙公學讀書。

1860 年夏季，母親洛爾攜兩個兒子回到諾曼第埃特爾塔的維爾基別墅居住。年底，莫泊桑離開拿破崙公學；父母因感情不和而協議分居。

1861 年至 1862 年，埃特爾塔教區的歐布爾教士為兩兄弟擔任家教。

1863 年，進入伊夫托修道院辦的學校讀書，開始創作一些詩。

1866 年，暑假中搭救了溺水的英國詩人、文學批評家斯文伯恩，受到對方的熱情款待。

1868 年，由於寫了一首蔑視教會的詩被教會學校開除。在母親的輔導下讀完了高中二年的課程，10 月進入魯昂中學。在創作上受詩人路易·布耶和小說家福樓拜的栽培。

1869 年 7 月 18 日，路易·布耶去世。7 月 27 日通過中學畢業會考並獲得克安大學文學學士銜。10 月赴巴黎攻讀法律系，受叔本華的哲學思想影響頗深。

1870 年 7 月，法國和普魯士之間爆發戰爭，莫泊桑應徵入伍。在戰爭中的經歷成了他日後寫作的重要題材。

1871 年 9 月，退伍復員。

1872 年 3 月，進入海軍部工作。10 月被任命為殖民地管理處的臨時僱員，但沒有薪水。工作之餘繼續學習法律。

1873 年 2 月，正式領薪水，開始了公務員生涯。在福樓拜的指導下開始學習小說創作。

1874 年冬季，在福樓拜寓所結識了屠格涅夫、都德、左拉、龔古爾等名作家。

1875 年，創作歷史劇《呂納伯爵夫人的背叛》。4 月在一群朋友中不公開上演黃色滑稽劇《玫瑰花瓣·土耳其人之家》。短篇恐怖小說《人手模型》在《洛林季風橋年鑒》上發表，莫泊桑署名為約瑟夫·普律尼埃。

1876 年 3 月，在《文學共和國》上以居伊·德·華勒蒙的筆名發表詩歌《水邊》。10 月完成獨幕詩劇《排練》。結識阿萊克西、賽阿爾、厄尼克、於斯曼等青年作家，以左拉為偶像，經常出入巴黎郊區左拉的梅塘別墅聚會，號稱巴黎「梅塘集團」。開始出現脫髮症。

1877 年 1 月，在《國家》雜誌刊載評論《十六世紀的詩》。向海軍部請假赴瑞士雷安溫泉治病。

1878 年，由海軍部轉入公共教育部。

1879 年 2 月，上演韻文劇《往昔的故事》。12 月，開始撰寫小說《盧昂人與戰爭》，即《脂肪球》。

1880 年，《脂肪球》發表後大受稱讚，因此而在文壇上揚名四方。5 月 8 日恩師福樓拜去世。9 月，赴法國南部旅行。

1881 年 7 月，赴阿爾及利亞旅行。12 月，由亞華爾書店刊行第一本短篇小說集《泰利埃公館》。當年從教育部退休，專心寫作。

1882 年，出版第二本短篇小說集《菲菲小姐》。

1883 年 6 月，小說集《山雞的故事》出版。11 月 25 日，小說集《月光》出版。

1884 年初，遊記《向太陽》出版。4 月，小說集《哈麗特小姐》出版。7 月，小說集《隆多里姐妹》出版。10 月，小說集《伊薇特》出版。

1885 年 3 月，小說集《白天和黑夜的故事》出版。5 月 11 日，長篇小說《俊友》出版。

1886 年 1 月，小說集《圖瓦》出版。

1887 隻 1 月，長篇小說《溫泉》出版。5 月，小說集《奧爾拉》出版。7 月 8 日和 9 日，兩次乘氣球旅行。

1888 年 1 月，長篇小說《皮耶爾與若望》出版。6 月底，遊記《在水上》出版。10 月，小說集《于松夫人的貞潔少男》出版。

1889 年 2 月，小說集《左手》出版。5 月，長篇小說《如死神一般堅強》出版。

1890 年 3 月，遊記《漂泊生涯》出版。4 月，小說集《無益的美》出版。6 月，長篇小說《我們的心》出版。

1891 年 3 月 4 日，與雅克‧諾曼合寫的獨幕劇《繆索特》首演。3 月，繼續
寫作長篇小說《昂瑞呂斯》，進展不大。多方求醫，四處療養。12 月，病苦
已極，多次向友人宣稱自己將不久於人世。

1892 年 1 月 1 日至 2 日的那個夜晚，在「伊賽爾的木屋」別墅 3 次試圖自殺。
1 月 7 日，住進巴黎布朗什醫生的精神病院。

1893 年 3 月 6 日，兩幕話劇《和睦家庭》在法蘭西喜劇院首演。7 月 6 日，
莫泊桑病逝。享年 43 歲。

短篇小說之王莫泊桑：

海上男兒的自由俊逸是他的文章風格，犀利冷凝的觀察眼光是他的創作繆思

編　　著：李詩禹，華斌

發 行 人：黃振庭

出 版 者：崧燁文化事業有限公司

發 行 者：崧燁文化事業有限公司

E-mail：sonbookservice@gmail.com

粉 絲 頁：https://www.facebook.com/
　　　　　sonbookss/

網　　址：https://sonbook.net/

地　　址：台北市中正區重慶南路一段六十一號八
　　　　　樓 815 室

Rm. 815, 8F., No.61, Sec. 1, Chongqing S. Rd.,
Zhongzheng Dist., Taipei City 100, Taiwan

電　　話：(02)2370-3310

傳　　真：(02)2388-1990

印　　刷：京峯彩色印刷有限公司（京峰數位）

律師顧問：廣華律師事務所 張珮琦律師

- 版權聲明

定　　價：299 元

發行日期：2022 年 09 月第一版

◎本書以 POD 印製

國家圖書館出版品預行編目資料

短篇小說之王莫泊桑：海上男兒的
自由俊逸是他的文章風格，犀利
冷凝的觀察眼光是他的創作繆思 /
李詩禹，華斌編著 . -- 第一版 . --
臺北市：崧燁文化事業有限公司，
2022.09
　　面；　公分
POD 版
ISBN 978-626-332-648-4(平裝)
1.CST:　莫 泊 桑 (Maupassant,
Guy de, 1850-1893) 2.CST:　作 家
3.CST:　傳記 4.CST:　法國
784.28　　111012253

電子書購買

臉書